毛泽东的中国梦

MAO ZEDONG'S CHINESE DREAM

唐洲雁 等 著

社会科学文献出版社
SOCIAL SCIENCES ACADEMIC PRESS (CHINA)

编委会

总　撰　稿：唐洲雁
执行总撰稿：王　颖
撰　　　稿：王　颖（第1、2、3、11章）
　　　　　　付　闪（第5、7、9章）
　　　　　　祝志伟（第4、6章）
　　　　　　单劲松（第10、12章）
　　　　　　李宛聪（第8章）
统　　　稿：唐洲雁　王　颖
资　　　料：刘　伟　刘丽丽　李　丽　王　健

前　言

在20世纪的历史中，毛泽东无疑是中国梦最伟大的追梦者与圆梦者。

在风雨如磐、无路可走的历史困境中，是以毛泽东为代表的中国共产党人，带领人民找到前进方向，取得革命胜利，最终实现民族独立、人民解放和祖国统一；在积贫积弱、一穷二白的烂摊子上，是以毛泽东为代表的中国共产党人，带领人民进行艰辛探索，彻底改变国家面貌，为当代中国一切发展进步奠定了政治前提和制度基础。

纵观毛泽东的一生，他所有的奋斗和求索都源于一种动力，那就是实现国家富强、民族振兴、人民幸福的中国梦。正是为了实现这个伟大的梦想，毛泽东对新中国进行了全方位的设计，对新中国的建设道路进行了艰辛的探索。这些设计和探索，凝聚了毛泽东的心血，渗透着毛泽东的理想。它们是民族的梦，人民的梦，同时也是毛泽东的中国梦！

在毛泽东诞辰120周年之际，回望新中国成立后的历史，我们可以清晰地看到毛泽东追求梦想的坚实脚步：

要建立一个人民当家做主的新中国；

要建立一个工业强大、实现国家工业化的新中国；

要建立一个农业发展、人民丰衣足食的新中国；

要建立一个拥有发达的科学技术和文化教育事业的新中国；

要建立一个拥有巩固国防和强大人民军队的新中国；

要建立一个人民生活有保障、人与人平等相处的新中国；

要建立一个共产党执政的政治清明、廉洁高效、永葆为人民服务本色的新中国；

…………

总之，毛泽东的中国梦，目标是要在一穷二白的基础上，建设一个伟大的社会主义现代化强国。这是一项前无古人的艰巨工作，既没有现成的书本答案，又不能照抄外国经验，只有靠中国人自己在实践中探索。万事开头难，由于没有先例可循，毛泽东时代的探索，出现了许多的曲折，甚至发生过重大的失误，实现梦想的道路始终只能在摸索中前进。对此，党的十八大有一个评价："在探索过程中，虽然经历了严重曲折，但党在社会主义建设中取得的独创性理论成果和巨大成就，为新的历史时期开创中国特色社会主义提供了宝贵经验、理论准备、物质基础。"

为了全面回顾毛泽东领导中国人民不断探索、努力追求中国梦的这段艰辛历程，充分展示他对新中国的设计和筹划，揭示其中的思想性、制度性成果，总结其中的经验与教训，肯定它对当代中国一切发展进步的奠基之功，我约请几位曾经一起工作过的年轻同事，共同撰写了这本《毛泽东的中国梦》。

本书共分十二章，以"毛泽东的中国梦"为主题，以板块结构的形式横向布局，按照历史发展的顺序纵向展开，着重从政治、经济、军事、外交、文化、科技、社会和党的建设等十二个领域，全面展示了毛泽东的追梦、圆梦之旅，充分揭示了"毛泽东的中国梦"的丰富内涵。

本书前期的写作工作由我主持，包括设计总体思路，起草写作提纲，组织各位作者反复进行集中讨论，逐篇提出写作意见，理清基本思路和主要线索，提示重要时间节点和关键材料，并对已经完成的初稿进行了具体修改。我调离原单位后，后期工作由王颖主持进行。在她的精心组织和大家的共同努力下，经过三易其稿，该书最终得以与广大读者见面。这是集体智慧的结晶，是协同创新的成果。它记载了我们彼此难忘的共同奋斗，也传承了我们相互珍惜的深厚友谊。

唐洲雁

2013年农历乞巧节

目 录
CONTENTS

第一章　人民当家做主 …………………………… 1

第二章　多党合作 ………………………………… 19

第三章　万方乐奏 ………………………………… 35

第四章　"三农"建设 …………………………… 51

第五章　工业腾飞 ………………………………… 69

第六章　钢铁长城 ………………………………… 83

第七章　两弹一星 ………………………………… 101

第八章　"双百"方针 …………………………… 115

第九章　和平外交 ………………………………… 131

第十章　统一大业 ………………………………… 145

第十一章　万家忧乐 ……………………………… 163

第十二章　执政为民 ……………………………… 181

第一章

人民当家做主

到 2013 年,北京作为都城的历史已有 860 年。从中轴线贯穿南北的城市布局,到朱门、琉璃、龙纹等细节装饰,这里的一切都曾经打上鲜明的皇权烙印。

今天的北京,更多的是高大雄伟的现代化建筑。走在长安街上,就可以看到劳动人民文化宫、人民大会堂、人民英雄纪念碑、中国人民银行、中国人民解放军军事博物馆……这些机构、建筑的名称有一个共同的特点,都被冠以"人民"二字。

"人民"一词,在我们的生活中无处不在,已经构成新北京及新中国的标志性符号。而这在中国过去两千多年历史中却是从未有过的事。"普天之下,莫非王土,率土之滨,莫非王臣"中的"王",何时彻底被"人民"二字所取代?这种改变究竟是从哪里开始的呢?

1948 年 9 月的河北省平山县西柏坡,看似平静,实际上一场历史巨变的序幕正从这里拉开。在中共中央政治局会议上,毛泽东发表了对以后中国产生深远影响的一次讲话。

当时解放战争仍在激烈进行，大决战刚刚开始。当很多人还停留在军事问题的思考时，毛泽东已经在筹划新中国的成立了。他在讲话中明确揭示了新中国的国体和政体："我们是人民民主专政，各级政府都要加上'人民'二字，各种政权机关都要加上'人民'二字，如法院叫人民法院，军队叫人民解放军，以示和蒋介石政权不同。""我们采用民主集中制，而不采用资产阶级议会制。议会制，袁世凯、曹锟都搞过，已经臭了。在中国采取民主集中制是很合适的。"

毛泽东的讲话描绘了一幅新中国美好的宏伟蓝图。这幅蓝图深深吸引着饱受苦难、在黑暗中摸索的人们，鼓舞着人们为光明的前途而英勇奋斗。

一年以后，毛泽东带领人民来到了新中国的大门前，开始将他的设想付诸实践。

新时期的新北京

从西柏坡到北平，毛泽东一路风尘仆仆，然而他顾不上休息，入住香山双清别墅的第二天，就会见了著名的民主人士、社会教育家黄炎培。

宾主相见，格外亲切。四年前二人在延安谈话的情景仍历历在目。当时，国民参政员黄炎培访问延安，向毛泽东提出一个十分尖锐的问题：我生六十多年，耳闻的不说，所亲眼看到的，真所谓"其兴也浡焉"，"其亡也忽焉"。一人，一家，一团体，一地方，乃至一国，不少单位没有能跳出这周期率的支配力。一部历史，"政怠宦成"的也有，"人亡政息"的也有，"求荣取辱"的也有。总之没有能跳出这周期率。将来中共诸君掌握了政权，能不能找出一条新路，跳出这个周期率的支配呢？毛泽东充满自信地回答：我们已经找到新路，我们能跳出这周期率。这条新路，就是民主。只有让人民来监督政府，政府才不敢松懈。只有人人起来负责，才不会人亡政息。

1945 年 7 月 1 日，毛泽东欢迎黄炎培等民主人士来延安参观

时隔四年，毛泽东仍记得当时谈话的内容，并且对新中国的民主施政方针有了更具体的设想。他向黄炎培谈起了新中国的建国方略，吐露了实现民主的若干大政方针，包括他所设想的国家前景，以及黄炎培所领导的中国民主建国会和民主人士在国家政治生活中的角色。

这时，黄炎培才明白毛泽东当年的回答有着坚实的理论和实践基础，绝不是一句空话。正是由于对毛泽东、对新政权的认同，黄炎培后来打破了不做官的个人信条，欣然出任政务院副总理。他说，过去不愿做官是不愿意入污泥，今天是中国共产党领导的人民政府，我做的是人民的官。

在黄炎培之后，双清别墅又迎来了张澜、李济深、沈钧儒、何香凝、柳亚子等多位民主爱国人士。他们都是应毛泽东和中国共产党的邀请，从各地赶来参加新政治协商会议的。每个人都为中国革命的胜利而欢欣鼓舞，每个人都为参加筹备建立新中国的神圣使命而感到光荣和自豪。诗人柳亚子更是抑制不住内心的激动，写下了"民众翻身从此始，工农出路更无疑……推翻历史三千载，自铸雄奇瑰丽诗"的诗句，表达了新中国是人民中国的感慨。

1949年6月15日，来自23个单位的134多名代表参加了新政治协商筹备会第一次全体会议。那时还没有条件召开人民代表会议，新政协代行了国家最高权力机关的职能。会议一项非常重要的工作就是起草具有临时宪法性质的《中国人民政治协商会议共同纲领》（简称《共同纲领》）。

《共同纲领》最核心的问题是确定新中国的国体和政体。在讨论中，各界人士都表示赞同实行民主，但究竟实行什么样的民主，仍有很多模糊的认识：民主是否意味着要消灭国家权力？有了民主还需不需要专政？资产阶级在新的国家中将是什么地位……毛泽东听到来自各方面不同的声音，感到有必要对新中国的国体和政体问题进行系统的阐释和说明。

新政协筹备会闭幕后不久就是中国共产党成立28周年纪念日，毛泽东要新华社社长胡乔木写一篇纪念党成立28周年的文章。胡乔木写好后，毛泽东看了并不满意。他没有用胡乔木的稿子，自己动手花两天时间写出了《论人民民主专政》。

1949年1月1日，《人民日报》发表了毛泽东的《论人民民主专政》一文。文章认为：中国民主革命胜利后所建立的国家，只能是工人阶级领导的以工农联盟为基础的人民民主专政的共和国；人民民主专政的基础是工人、农民阶级和城市小资产阶级的联盟；人民民主专政的任务，是在人民内部实行民主，对反动派实行专政，两个方面的结合。

1949年7月1日，《人民日报》发表毛泽东为纪念中国共产党成立二十八周年撰写的《论人民民主专政》一文。图为冀南新华书店印行的单行本

鞭辟入里的分析解开了很多人头脑里的疑惑，统一了党内和人民的认识。毛泽东的这些思想后来构成了《共同纲领》中有关政权部分的主要内容。

《共同纲领》在中国人民政治协商会议第一届全体会议上正式通过，它规定："中华人民共和国为新民主主义即人民民主主义的国家，实行工人阶级领导的、以工农联盟为基础的、团结各民主阶级和国内各民族的人民民主专政。""人民行使国家政权的机关为各级人民代表大会和各级人民政府。"

这是一份中国历史上从未有过的人民民主的建国纲领。曾经饱受压迫、剥削的劳动人民，第一次拥有了国家主人的地位和权力。

建国伊始，百废待兴。毛泽东从一开始就把迅速召开各界人民代表会议作为推进民主政治建设、保障人民民主权利的头等大事来抓。

1949年8月13日,毛泽东出席了北平市第一届各界人民代表会议,并发表讲话。他向全国发出号召:希望全国各城市都能迅速召集同样的会议,加强政府与人民的联系,协助政府进行各项建设工作,克服困难,并从而为召集普选的人民代表大会准备条件。

从1949年8月至12月,毛泽东亲自起草的关于迅速召开各级人民代表会议的文电就达19份之多。在1950年6月召开的党的七届三中全会上,毛泽东又指出:"必须认真地开好足以团结各界人民共同进行工作的各界人民代表会议。人民政府的一切重要工作都应交人民代表会议讨论,并作出决定。必须使出席人民代表会议的代表们有充分的发言权,任何压制人民代表发言的行动都是错误的。"

在毛泽东的高度重视下,全国各地先后召开各界人民代表会议。著名社会学家费孝通参加了北平市第一届人民代表会议,他曾生动地描述了当时强烈的感受:"我踏进会场,就看见很多人,穿制服的,穿工装的,穿短衫的,穿旗袍的,穿西服的,穿长袍的,还有一位戴瓜帽的——这许多一望而知不同的人物,而他们会在一个会场里一起讨论问题,在我说是生平第一次。这是什么意思呢?我望着会场前挂着大大的'代表'两字,不免点起头来。代表性呀!北平市住着的就是这许多形形色色的人物。如果全是一个样子的人在这里开会,那还能说是代表会吗?"

过去被人瞧不起的穿着短衫和工装的工人、农民,现在能够同穿着西服和长袍的人坐在一起,平等地共商大事,这是过去根本无法想象的,是整个社会大变革中富有象征性的一个缩影。

作家老舍也参加了北京市的人民代表会议,并由此产生了创作的冲动。会上,由于代表们反映强烈,经过民主讨论,做出了整治龙须沟的决议。

新中国成立前,全长6000多米的龙须沟是北平城最大的卫生死角,沟里的脏水泛着古铜锈色,一年至少有九个月臭气熏天。沟两边住的全是贫苦百姓。1950年,北京市政府把预算支出的2.25%,用在了这条臭沟的治理上。这年11月,龙须沟二期工程完工,多年来与这条臭沟为邻的人们终于告别了过去的苦难生活。

昔日龙须沟

很快,老舍以此为原型创作了话剧《龙须沟》。老舍后来说起他接受《龙须沟》写作任务的原因:"最使我感动的是:这个为人民服务的政府并不只为通衢路修沟,而且特别顾到一向被反动政府忽视的偏僻地方。在以前,反动政府是吸去人民的血,而把污水和垃圾倒在穷人的门外,叫他们享受猪狗的生活。现在,政府是看哪里最脏,疾病最多,便先从哪里动手修整。新政府的眼是看着穷苦人民的。"

各届人民代表会议的召开,解决了一系列人民群众反映强烈的问题,得到了社会各界的广泛拥护。

对于北京石景山发电厂总支部书记王自勉来说,1951年9月

12 日是他终生难忘的一天。因为毛泽东在这一天给他写来了亲笔信。信的内容是这样——

王自勉同志：

　　八月二十七日的信看到了，谢谢你使我知道你们厂里的情况和问题。我认为你的建议是有理由的，已令有关机关迅速和正确地解决这个问题。此复，顺祝努力！

毛泽东
一九五一年九月十二日

　　原来，王自勉受厂里工人们的委托，于 8 月 27 日写信给毛泽东，反映厂内工资制度不合理的问题。信发出后，他一直处在忐忑不安之中，不知等待自己的将是什么结果。

　　毛泽东 9 月 12 日看到信后，果然发了大脾气，但不是针对王自勉，而是针对中央办公厅秘书室处理信件的同志。因为信被压了几天，没有及时送阅。毛泽东说：共产党员不为工人阶级办事，还算什么共产党员？

　　随后，毛泽东批请政务院财经委员会副主任李富春研究处理工人工资问题，并亲笔起草了给王自勉的复信。此后不久，有关部门经过认真调查研究，不仅解决了这个厂的具体问题，而且对华北全区各类企业的工资制度也作了合理的调整。工资制度改革后，极大鼓舞了工人的政治热情和生产积极性。北京石景山发电厂、北京机器厂、石景山钢铁厂的工人又分别给毛泽东写回信，感谢党和政府的关怀，并汇报了他们的生产成绩和增产计划。

　　新中国的新气象激发了普通民众巨大的参政热情。1951 年 1 月至 3 月，中央办公厅秘书处在短短三个月就收到了近两万封群众来信。关于如何处理这样大量的来信，1951 年 5 月 16 日毛泽东做出明确批示："必须重视人民的通信，要给人民来信以恰当的处理，不要采取掉以轻心置之不理的官僚主义的态度。""如果人民来信很多，本人处理困难，应设立适当人数的专门机构，或专门的人处理这些信件。"

根据毛泽东的指示精神，中央人民政府政务院于6月7日公布了《关于处理人民来信和接见人民工作的决定》。很快，中央及各大行政区、省、自治区和直辖市先后设置了处理人民来信来访的专门机构，配备了专职干部。

随着各界人民代表会议的普遍召开、各级人民政府的建立，以及信访制度的落实，党和人民群众的联系渠道更加畅通，人民当家做主已经成为现实，让人民监督政府也落到了实处。民主的新路找到了它的实现形式。

在杭州西湖西面的杨公堤上有一座美丽的园林，这就是号称西湖第一名园的刘庄。新中国成立后毛泽东第一次到杭州，就住在这里。那是1953年底，毛泽东带来了一个宪法起草小组，亲自主持起草新中国第一部宪法。

毛泽东一开始就提出了起草宪法的指导思想和原则：我们社会主义的宪法，一要坚持人民民主的原则，二要坚持社会主义的原则。他后来阐述了制定宪法的根本目的："用宪法这样一个根本大法的形式，把人民民主和社会主义原则固定下来，使全国人民有一条清楚的轨道，使全国人民感到有一条清楚的明确的和正确的道路可走，就可以提高全国人民的积极性。"

在宪法草案起草过程中，毛泽东参加了每一章、每一节、每一条的讨论，并对宪法草案的讨论稿和初稿进行了反复推敲和修改。比如，宪法草案初稿油印打字稿第五十八条原为："地方各级人民代表大会和地方各级人民政府在执行其任务时，应经常保持同人民群众的密切联系，广泛吸收人民群众参加和监督国家管理工作，不断地注意对脱离群众的官僚主义现象进行斗争。"毛泽东在这条上方批示："此条似应移到总纲。"

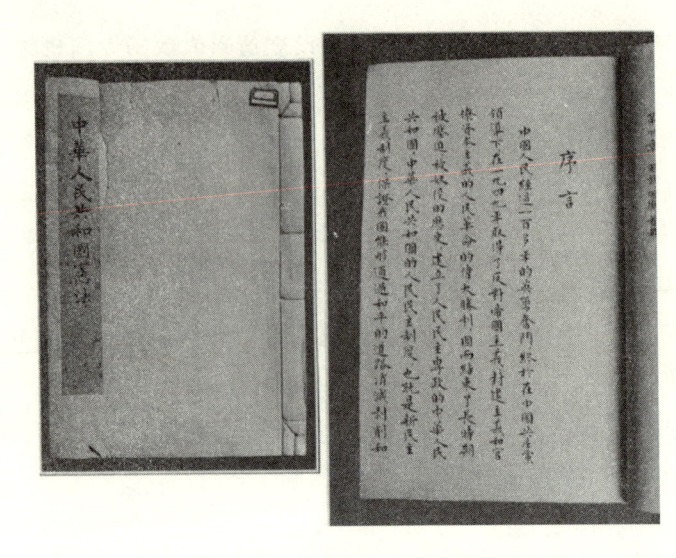

毛泽东保存的广东书法家麦华三手抄本宪法

1954年通过的宪法中，这一条写入总纲第十七条，文字改为"一切国家机关必须依靠人民群众，经常保持同群众的密切联系，倾听群众的意见，接受群众的监督"。这个修改体现了毛泽东对人民群众利益、社会公共利益的高度重视。

经过细致的讨论和斟酌，1954年3月，中共中央宪法起草委员会出台了宪法草案初稿。6月开始在全国范围内展开讨论。在接下来的两个多月里，共有1.5亿多人参加了讨论。

人民群众热烈拥护这个宪法草案，同时提出很多修改和补充意见。当时国内出现特大洪灾，大水冲毁了公路、铁路，许多地方交通中断，各级政府就用飞机把讨论意见运送到北京。据最后统计，各个方面的意见有110多万条。宪法起草委员会根据全国人民提出的意见和建议，对宪法草案又作了多次修改。

占全国人口四分之一的公民参与立宪，在中国历史上从未有过，在世界立宪史上也是罕见的。民主人士黄炎培由衷地发出感慨："这部宪法，将是中国自有历史以来第一部人民的宪法！"

和宪法起草同时进行的，是选举各级人民代表。1953年3月

1日，毛泽东发布中央人民政府命令，《中华人民共和国全国人民代表大会及地方各级人民代表大会选举法》正式实施。从1953年下半年开始，中国掀起了历史上第一次规模空前的选举热潮。对长期饱受封建专制压迫、从未真正行使过选举权的老百姓来说，这是破天荒的事。

著名的法学家许崇德当年还是20岁出头的小伙子，被派往山东省泰安县城关乡搞普选试点。据他回忆，在城关乡太多从未听过的新名词，让那些祖祖辈辈只知道种地的农民一头雾水："啥叫普选？""啥叫选民资格？""人代会是干吗的？"为了动员大家，许崇德和同事找来青年团员组成了宣传队，挨家挨户讲："从现在开始，我们要选举出自己的代表来管理国家，这是人民当家做主的权利，是神圣的权利。"很快，宣传见了成效。选民登记那天，登记点一早就排起了长队，连大半辈子没出过几趟远门的农村老大娘，也穿上最漂亮的衣服赶来了。许崇德记得，开选民大会那天，乡亲们紧挨着站在一起。大会主持人念完候选人的名字，同意的举手，不同意的不举手，这样就把乡人大代表选出来了。

城关乡的农民正是亿万普通选民的代表。按照当时人口普查统计，新中国有6亿人，而举行普选的近21.5万个基层选举单位，共涵盖5.7亿人，是一次真正意义上的普选。

当时在上海港务局任职的蔡祖愉参加了选举区人大代表。时隔多年，蔡祖愉还对当时选举的情景记忆犹新："选举场面非常热闹，敲锣打鼓，像过节一样。而那时国家还很困难，选票用的还是很粗糙的纸，质量很差，因为投票的人很多，一共投了两个多小时。"

虽然条件简陋，26岁的蔡祖愉还是为"人民当家做主"而无比激动。之后的岁月中，他又参加了多次选举，每次选举后他都会留下选民证作为纪念。他现在珍藏的14张选民证，始于1953年，终至2006年，整整跨越了半个多世纪，记录了他作为一个共和国公民全部的民主生活。

蔡祖愉展示自己1953年和2006年的两张"选民证"

  1954年9月15日，1200多名全国人大代表走进北京中南海怀仁堂，第一届全国人民代表大会第一次会议在这里召开。《人民日报》记者袁水拍在《六亿人民心花开》一文中，这样写道："代表们走进了会场，坐上最高国家权力机关的席位。他们从车床边来，从田地里来，从矿井来，从海岸的防哨来。放下钳子，放下犁耙，放下镐头，放下笔杆、圆规……同他们所爱戴的党和政府的领导人们一起，商量着国家的大事。他们当中有很多是对人民革命事业有杰出贡献的人，有很多是各个民主党派、各个民主阶层的代表者，他们是六亿人民的共同意志的表达者。"

  曾经当了九届人大代表的申纪兰，仍然对第一次进京参加人大会议的情景记忆犹新："除了领导人物之外，基本上都是来自工农兵三个领域的底层人民，这其中，农民又占很大比例；大家的文化知识水平都不高、甚至还有好多人不识字、或者暂时不能完全理解'人民代表大会'的真正含义，但他们依然非常激动，因为他们能见到毛主席了。"

  9月20日，《中华人民共和国宪法》被全票通过。此外，会议还审议并一致通过了政府工作报告。9月27日，大会选举国家领导人，毛泽东全票当选为中华人民共和国主席。

1954年9月9日,毛泽东主持召开中央人民政府委员会第34次会议,讨论并通过了经过修正的《中华人民共和国宪法草案》。这个宪法草案即将提交第一届全国人民代表大会第一次会议审核。图为委员们举手通过《中华人民共和国宪法草案》

第一届全国人民代表大会的召开,标志着人民代表大会制度作为新中国根本政治制度的正式确立。新中国的民主政治建设从此进入了一个新的历史阶段。

1956年,中国共产党第八次全国代表大会上有一则引人关注的新闻,通过的新党章里加了一条:"中央委员会认为有必要的时候,可以设立中央委员会名誉主席一人。"为什么要在中央主席之外再设名誉主席呢?原来这是毛泽东的提议。

当时,党和国家领导制度中存在着一个重要问题,就是领导职务的终身制。毛泽东注意到这个问题,认为要加强党的集体领导,加强党内民主,加强国家政治生活的民主,必须改变领导职务的终身制。他决心从自身做起。早在1953年,毛泽东在中央领导层内就提出了中央分一线、二线的设想,希望自己退居二线,做些政治研究和理论研究工作,一线工作由其他同志主持。

"八大"召开前,毛泽东又向中央正式提出辞去党中央主席和国家主席的要求。中央领导层为此进行了讨论，讨论的结果是：对于毛泽东辞去国家主席的意见，"大家认为可行"，对于辞去党中央主席，"也认为将来适当时机可行，只是暂时还不可行"。

"八大"召开期间，毛泽东有一次在接见外国共产党代表团时说："我本想辞掉主席的职务，想干个名誉主席。……现在同志们都不赞成我下台，我说，拖几年也可以。所以，设了四个副主席。现在还是逃不脱。我的方针是两个主席都辞掉。"

虽然毛泽东的职务在"八大"上没有发生变动，但是他的要求得到中央基本认可，在"八大"通过的党章中，增加了设立中央委员会名誉主席的新规定，意味着毛泽东可以在适当的时机从党中央主席的位置上退下来。这是毛泽东酝酿废除党和国家领导职务终身制所取得的一项重要成果。

"八大"以后，毛泽东又提出建议修改宪法，规定国家主席和副主席连任只得连任一届，并以此作为自己不担任下一届国家主席的理由之一。毛泽东的这个要求在党内外经过广泛的讨论之后，1958年底召开的中共八届六中全会做出正式决定，同意毛泽东提出的不做下届国家主席候选人的建议。因此，1959年4月，在第二届全国人大第一次会议上，刘少奇被选为第二任国家主席。

毛泽东自己主动提出要辞去党中央主席和国家主席，在社会主义国家的领导人中，是史无前例之举，实际上开了废除领导职务终身制的先河，对于扩大社会主义民主具有重要意义。

新中国成立后，毛泽东从未停止过对"民主新路"的实践探求，他一直在思考人民民主如何实现的问题。1959年毛泽东在读苏联《政治经济学教科书》的谈话中明确指出："……劳动者管理国家、管理军队、管理各种企业、管理文化教育的权利。实际上，这是社会主义制度下劳动者最大的权利，最根本的权利。没有这种权利,劳动者的工作权、休息权、受教育权等等权利,就没有保证。"他特别强调:"人民自己必须管理上层建筑,不管理上层建筑是不行的。我们不能把人民的权利问题理解为国家只由一部分人管理,人民在这些人的管理下享受劳动、教育、社会保险等等权利。"在毛泽东的领导下,当时在国营企业的管理上采取了很多利于民主的措施,如"要领导采取平等态度待人;一年、两年整一次风;进行大协作;对企业的管理,采取集中领导和群众运动相结合,工人群众、领导干部和技术人员三结合,干部参加劳动,工人参加管理,不断改革不合理的规章制度,等等"。

如何保障广大人民群众参与国家事务的管理,参与经济、文化等项事业的管理,是一个长期的、艰巨的任务,对于经济文化落后的中国来说,尤其如此。但是这个思想的提出,本身就有着重大意义,它揭示了社会主义民主的实质和基本点,从根本上划清了社会主义民主和资本主义民主的界限。

为迎接国庆十周年,首都北京破土动工修建了十大建筑。其中,天安门广场西侧的人民大会堂格外引人注目。

施工建造大会堂之前遇到的首要问题就是拆迁工作。大会堂占地达15万平方米,拆迁涉及单位67个,房屋1823间,迁移居民684户,拆房2170间。按正常情况至少需要半年至一年的时间才能完成拆迁,但当时人民群众的自觉性和积极性极高,只用了10天左右时间,居民和单位就全搬走了。开工后,成千上万的北京市民自发来到工地,许多在北京火车站乘车的旅客也利用候车的一点时间赶到工地上挖锹土,搬块砖。他们没有要一分工钱,也没有留下姓名,却为能在大会堂的工地上辛苦流汗感到无上光荣。据统计,在人民大会堂工程建设中,先后有30万人次参加了工地的义务劳动。热火朝天的劳动场面,反映了当时人们强烈的主人翁意识和建设国家的巨大热情。

人民大会堂建设者的保证书

人民大会堂施工工地

大会堂工程基本完成后,1959年9月9日,毛泽东亲自来到工地视察。建设总指挥万里陪同视察,他对毛主席说:"这座建筑到现在还没有命名。过去周总理曾讲过,需要请毛主席命名。"

毛泽东问:"你们现在怎么叫这座建筑?"万里回答道:"我们一般叫'大会堂'或'人大会堂'。"毛泽东说:"那就叫'人民大会堂'吧!"从此这一伟大工程有了自己的正式名字。

1959年9月10日,人民大会堂正式竣工并交付使用。从1958年10月28日正式动工,历时10个月零13天。从此以后,党和国家的重要会议都在这里举行。

正如毛泽东题词说的那样,这是一座由人民设计、人民建造、造福于人民的议政大厅。它是新中国民主政治的一个重要标志。

经过60多年的风风雨雨,有中国特色的社会主义民主政治逐步走向成熟。在今天的许多领域,有选举制度、信访制度、听证制度、政务公开制度、信息公开制度……民主的实现途径不断增多,公民有序政治参与不断扩大,参与热情也不断提高,人民群众的知情权、参与权、表达权、监督权不断得到实现。

如今的中国,正在实现毛泽东的预言:"中国共产党能够跳出历史的周期率,我们已经找到了一条新路,这条新路,就是民主。"

第二章

多党合作

1948年9月12日，辽沈战役打响的同一天，一艘名为"波尔塔瓦号"的苏联轮船从香港起航，驶往几千公里以外的朝鲜。这艘看似平常的轮船，却受到了远在河北西柏坡的毛泽东和周恩来的密切关注。

原来船上秘密搭乘着几位负有特殊使命的民主人士——沈钧儒、谭平山、章伯钧、蔡廷锴等。他们是应毛泽东的邀请，第一批从香港前往解放区准备参加新政治协商会议的。

经过14天的风浪颠簸，轮船终于平安到达朝鲜的罗津港，中共中央代表李富春早已在那里迎候。在他的陪同下，几位民主人士乘火车到达了哈尔滨，安全住进了马迭尔宾馆。

此后，又有多批民主人士，从国统区，从香港，从国外，经多条路线进入解放区。

1948年下半年，在中国大地上的两个主要政党都把"运送"当成一项重要工作来抓。国民党忙于向台湾抢运大量黄金、文物等贵重物品，共产党则在毛泽东指示下将国统区和海外的民主爱国人士陆续接到解放区，共同协商建国大计。不同的"运送"，说明了不同的价值取向,也预示着完全不同的结局。

1949年6月15日,新政治协商会议筹备会在中南海勤政殿开幕了。筹备会下设六个小组,其中第一小组的主要任务就是拟定参加新政协的单位及代表名额。

由于新政协当时代行全国人民代表大会职能,要选举产生国家领导人和政府部门主要负责人,社会各界、各党各派都争先要求获得代表资格。代表的提名有两种情况:一种是由组织或个人推荐,一种是由本人申请。据当时的工作人员童小鹏等回忆,所有提名都要进行逐个审查,反复研究。这方面的工作量是很大的,时常为了某一个代表的适当与否,而函电往返,多方协商,斟酌再三,费时达数周之久。有时毛主席、周总理也来参加讨论。

1949年6月15日至19日,新政治协商会议筹备会第一次全体会议在北平召开。图为筹备会会场外景

代表名单初步产生之后,又经过筹备会反复协商,征求各方意见,用了三个多月时间,才最终确定了参加新政协的单位、名

额和名单，共分为党派代表、区域代表、军队代表、团体代表、特邀代表五类，总计662人。中央统战部把参加新政协的单位人选和各项统计，印制了一本很厚的表册，送到中央。毛泽东看了十分感慨，风趣地说这是一本"天书"。

在筹备会结束当晚的宴会上，毛泽东频频举杯，谈笑风生，操着浓重的湖南口音说："我们这一桌什么人都到齐了。有无产阶级李立三，无党派人士、文学家郭沫若，有民主教授许德珩，有工商界前清翰林陈叔老，还有妇女界廖夫人和华侨老人陈嘉庚、司徒美堂……"寥寥数语，如叙家常，形象地重申了共产党主张的"国家是人民的国家，不是某个党派的国家"的一贯思想。

1949年9月21日，600多名代表走进中南海怀仁堂，参加中国人民政治协商会议第一届全体会议。政治协商会议上最受代表们关注的焦点问题就是，选举国家领导人和政府部门主要负责人。

在半年以前的中共七届二中全会上，毛泽东就明确指出："我党同党外民主人士长期合作的政策，必须在全党思想上和工作上确定下来。我们必须把党外大多数民主人士看成和自己的干部一样，同他们诚恳地坦白地商量和解决那些必须商量和解决的问题，给他们工作做，使他们在工作岗位上有职有权，使他们在工作上做出成绩。"

然而在政协一届会议上，对于民主党派人士担任副主席或者参加政府入阁的安排，一些党内外的代表却议论纷纷。有的共产党员、工农兵代表说，我们工农兵打天下，现在是民主人士坐天下。有的人说，早革命不如迟革命，革命的不如不革命，不革命不如反革命。

面对种种非议，毛泽东、刘少奇、周恩来等会上会下做了很多解释工作。据薄一波讲，毛泽东多次说过，我们不能再长征了，我们要千秋万代长坐北京，没有党外人士进入政府不行。安置他们，要各得其所，要用大位置才能安置。

9月30日，大会进入最后一天，首届政协选举结果揭晓。毛泽东当选为中央人民政府主席，朱德、刘少奇、宋庆龄、李济深、张澜、高岗为副主席，6位副主席中一半是民主人士。周恩来当选为政务院总理，4位副总理中郭沫若和黄炎培2位出自民主人士。在34个部委机构中，担任正职的有14位民主人士，如中国民主同盟会的史良任司法部部长，中国国民党革命委员会的朱学范任邮电部部长，中国民主促进会的马叙伦任教育部部长，无党派人士李书城任农业部部长，起义将领傅作义任水利部部长……这样的安排，充分显示了共产党人立党为公，执政为民，不谋党派和个人私利的坦荡胸怀，受到各民主党派的衷心拥护和高度赞扬，也极大地调动了他们建设新中国的积极性。

中国人民政治协商会议第一届全体会议于1949年9月21日至30日在北京召开。图为特别邀请代表邵力子发言

在政协一届会议上通过的《中国人民政治协商会议共同纲领》《中国人民政治协商会议组织法》，为中国共产党领导的多党合作和政治协商制度奠定了政治和组织基础，标志着有中国特色政党制度的确立。

第二章 多党合作

在毛主席纪念堂保存的主席遗物中有一个放大镜,很多人走到它的展柜前都会驻足观看,原来这是1951年九三学社送给毛泽东的一件礼物。放大镜的造型和制作都十分考究,可能是用的时间长了,象牙把儿上有个裂口,但上面刻着的小字仍然清晰可见:"敬爱的毛主席九三学社全体社员谨赠。"

毛泽东看书习惯使用放大镜,这个放大镜是1951年九三学社敬赠毛泽东的,系用象牙雕刻而成,其造型为麦穗和工业齿轮

九三学社的前身为抗日战争后期一批进步学者在重庆组织的民主科学座谈会。后为纪念1945年9月3日抗日战争和世界反法西斯战争的伟大胜利,改建为九三学社,并于1946年5月4日正式成立。新中国成立后,九三学社一些社员担任了政府的领导职务,很多社员有了自己的工作岗位。不少社员认为代表中上层知识分子的九三学社"任务已尽",没必要存在,"组织可有可无",主张解散组织。

这段时间适逢毛泽东正在苏联访问。他回国后得知沈钧儒领导的救国会已登报声明解散,深表惋惜。闻听九三学社也在酝酿解散,当即表示不同意,并要中央统战部长李维汉向九三学社中央主席许德珩转达他的意见,阐述民主党派在新中国成立后的地位和作用,指出九三学社不但不能解散,而且还要继续发展。

然而,党内有些人对统战政策缺乏了解,甚至讲怪话:"什么民主党派,不过是一根头发,拔了就拔了!"针对这种错误认识,毛泽东说:要向大家说清楚,从长远和整体看,必须要民主党派。认为民主党派是"一根头发的功劳"、一根头发拔去不拔去都一样的说法是不对的。从他们背后联系的人们看,就不是一根头发而是一把头发,不可藐视。要团结他们,要给事做,尊重他们。我们对民主党派在抗战时有"团结、抗战、进步"的口号,今天应该是"团结、建设、进步"的口号。

这番话确定了新中国成立初期共产党对民主党派的基本方针,表明共产党在国家政治生活和建设事业中同民主党派真诚合作的愿望和决心。根据毛泽东的谈话精神,1951年1月召开的第二次全国统战工作会议,把帮助民主党派发展组织的问题,作为会议的重要议题,通过了《1951年协助各民主党派发展党员的建议》。

在毛泽东和中共的关怀和帮助下,1950年,九三学社不仅恢复成立了中央理事会,还在北京西四颁赏胡同4号找到了办公地点,彻底改变了过去长期"居无定所"的状态。九三学社社员从心底里感谢毛主席,想到送一件礼物表达由衷的敬意。经过多番讨论,最后决定送放大镜,因为九三学社社员多是高级知识分子,设身处地地想毛主席年过五旬,读书看报时用放大镜,眼睛会轻松些。

位于北京西四颁赏胡同4号的九三学社旧址

和九三学社情况相近，其他各民主党派经过组织整顿和发展，原来人数较少和组织不健全的状况也有了不同程度的改变，获得了前所未有的发展。新中国成立初八个民主党派人数不足1万人，到1957年突破10万人，成为社会主义建设的一支重要力量。

1950年5月12日，毛泽东给华东局第一书记饶漱石发去一封电报。电报指示要如实查报苏南征粮、春耕和救灾情况，特别注意调查川沙、南汇、奉贤三县情况，以便答复黄炎培。

原来此前政务院副总理、中国民主建国会负责人黄炎培给毛泽东写过一封意见信，反映政府在平抑物价、统一财经工作上存在的一些问题，如银根过紧、公债过高、征粮过重等，其中有些话讲得比较尖锐，如"上海一般情况连劳动阶级和学生情绪都不比以前了，为的是生计，以前电影放到主席像时掌声雷动，现在不比以前了。陆续有人去香港，倒不是避缴公债，而是人心动摇"等。

毛泽东收到黄炎培的信后非常重视，在书房专门约见了他，促膝长谈两个半小时，一一商讨信上提出的补救办法。临别，毛泽东叮嘱黄炎培，知无不言，言无不尽，未尽之言，书面续报。黄炎培被毛泽东的态度所鼓舞，回去后继续了解乡村和城市有关情况，又给毛泽东写了第二封信。信中提到，川沙、南汇、奉贤三县现有没饭吃的灾民二十万人，此三县为生产极丰富的地方，三县人口并计八十万，灾民几及四分之一，可见严重。灾情之所以严重，由于受灾而没有减免征粮，相反地且加重征粮。

收到黄炎培的第二封信后，毛泽东于5月12日致电饶漱石等，并且特别嘱咐："按照实事求是精神，有则说有，无则说无，是则是，非则非，逐一查明，并加分析具报。"此后于5月19日再电饶漱石和苏南区党委书记陈丕显，仍请对川沙、南汇、奉贤三县情况派专人去做一次调查,以便对黄炎培所谈做一个切合情况的答复。毛泽东于6月7日亲笔复信黄炎培,信中提出让陈丕显和黄炎培面谈,并说:先生给我的意见书,一个月前就寄给陈丕显同志看了,他表示对先生致谢意。

毛泽东坦诚的态度,让黄炎培很感动,他在自己的日记中曾写下这样一句话:"为政之道、为人之道尽于此矣。"此后的十多年间,毛泽东曾多次写信给黄炎培,对他反映的情况表示感谢,对他的建议予以肯定,对他努力学习力求进步给予热情的鼓励,对他积极主动的工作给予了相当高的评价。这些信现存的就有五十几封。

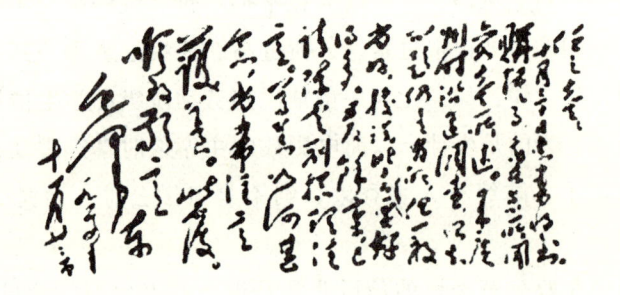

致黄炎培(1954年11月23日)。任之先生:十月三十日惠书收到。购粮事,我在京所闻,亦如先生所述。来广州时沿途调查,始知问题仍是有的,但一般尚好,据说比去年要好得多。"五反"余案,已请陈云副总理注意。尊恙如何甚念,尚希注意护养。此复。顺致敬意。毛泽东 一九五四年十一月二十三日

和毛泽东通信往来的民主人士还有很多,如柳亚子、张治中、章士钊、傅作义、陈叔通等,他们信中提出的意见和建议都得到毛泽东的高度重视。毛泽东这种坦诚、虚心对待民主人士的态度,在党内领导干部中起到了重要的示范作用,推动形成了新中国良好的民主氛围。中国民主建国会会员经叔平曾回忆说:"建国初期,政协会议的民主气氛是非常浓的,我印象特别深的是在政协委员们发言的时候,我们党和政府的领导同志不仅认真听,还认真做记录,我们这些来自民主党派和工商联的委员也能

够畅所欲言地谈问题，积极踊跃地献计献策。其中我们提出的关于工商业界的一些问题和要求都得到政府的重视，并给予了妥善的解决。"

在北京市西城区太平桥大街有一庄严宏伟、朴素典雅的建筑，门额上高悬的中国人民政治协商会议会徽，金光闪烁，十分引人注目。这就是全国政协礼堂。它的设计、建造正是在第一届全国人民代表大会召开前后。

全国政协礼堂外景

1953年1月，周恩来代表人民政府宣布了通过普选召开全国人民代表大会的决定。民主人士对实行普选和召开全国人民代表大会是拥护的，但也有一些人担心普选的结果会是共产党和工农群众的代表占压倒性多数，他们的政治权利和政治地位将得不到应有的保障。

针对这种疑虑，毛泽东在会上说："党的政策，不是人多称王。我们的重点是照顾多数，同时照顾少数，凡是对人民，对国家的事业忠诚地、做了工作的、有相当成绩的，对人民态度比较好的，各民族、各党派、各阶级的代表人物都有份。总之，凡是爱国者，都会一道进入社会主义，没有理由不跟他们一道进入社会主义。"

在一届人大1226名代表中，共产党员668人，占54.5%，非党人士558人，占45.5%。这个比例，既保证了无产阶级政党对国家政治生活的坚强领导，又体现了统一战线的广泛性。此后，第二、第三届全国人民代表大会各方面的代表名额，大体上保持了这个比例。

1954年9月27日，中华人民共和国第一届全国人民代表大会第一次会议用无记名方式投票选举中华人民共和国主席、副主席，全国人民代表大会常务委员会委员长、副委员长、秘书长和委员，最高人民法院院长，最高人民检察院检察长，并通过国务院总理人选。图为全国人民代表大会代表、中华全国工商业联合会主任委员陈叔通在投票

1954年第一届全国人民代表大会召开后，中国人民有了自己行使国家最高权力的机构。中国人民政治协商会议还有没有必要继续存在？这是党内外普遍关注的一个重大政治问题。

为消除人们思想上的疑虑，毛泽东专门召集民主人士座谈。他解释了人民政协存在的必要性，说："人大的代表性当然很大，但它不能包括所有的方面……我们自己要有主张，但一定要和人家协商，不要把自己孤立起来，要发挥各民主阶级、各人民团体的作用。这样，动员起来的力量就会更多了。"在这次会上，毛泽东明确指出了人民政协的性质和任务。他说，政协的性质有别于国家权力机关，也不是国家的行政机关。政协是全国各民族、各民主阶级、各民主党派、各人民团体、国外华侨和其他爱国民主人士的统一战线组织，是党派性的，它的成员主要是党派、团体推出的代表。政协的任务包括协商国际问题，商量候选人名单，提意见，协调各民族、各党派、各人民团体和社会民主人士领导人员之间的关系，学习马列主义。

毛泽东的讲话不仅消除了民主党派的不安情绪，而且对多党合作工作具有重要的指导性。1954年12月，全国政协二届一次会议通过《中国人民政治协商会议章程》，充分贯彻了这一讲话精神。

1954年12月21日，毛泽东主持政协二届一次会议开幕式；这次会议推举毛泽东为全国政协名誉主席，选举周恩来为全国政协主席

为了改善全国政协的办公和会议条件，1954年春周恩来指示，为全国政协建一座能容纳1200人的大礼堂。这在当时国家经济比较困难的情况下，是下了很大决心的。由于是中央直接抓

的项目，参加政协大礼堂建设的各单位都非常重视，工程进展非常顺利。1955年秋，礼堂就建成了。从此，这里成为举行政协全国委员会会议的场所、政协常委会的办公场所。

和谐的气氛、融洽的关系、共产党人的高度信任，调动起民主人士极大的政治热情。全国人大一届一次常委会开过后，人大常委会委员、民主人士张治中提出一份书面建议，主张每个人大常委每年都要出去视察，了解地方情况，听取群众意见。毛泽东对这份建议十分重视，并且加以扩大。他提出，在人大代表进行视察工作时，全国政协委员，省、自治区、直辖市政协委员，省、自治区、直辖市人民代表一同视察，这对行政、立法工作，对法院和检察院等各方面的工作都有好处，对领导干部联系群众有好处，对下面干部可以起督促作用。

在毛泽东的倡导下，1955年底，一场轰轰烈烈的大视察活动在全国范围内展开。政协委员们把视察作为深入基层、参与新中国建设的一个很好的机会，积极性很高。宋庆龄在云南视察时，先后到了10个地方。她在调查中发现，一些地方的妇女病、眼病较多，环境卫生也不尽如人意，于是在报告中提出具体建议。卫生部门很快采取措施，大力整治环境卫生，宣传普及卫生知识，并开展对妇女病、眼病的治疗和预防。政协委员朱学范、侯镜如和人大代表屈武等一行12人视察河南省时，先后在郑州、洛阳、孟津、新乡等地视察了三种不同类型的农业合作社、多个工厂以及基建工地等。每到一地，视察组都召开不同类型的座谈会了解情况，收集资料。1955年的视察活动，超过1/3的全国政协委员参加，形成了200多份180多万字的视察报告。

从1955年到1964年，全国人大和全国政协基本每年都共同组织大规模的视察活动。几十年过去后，这一做法已经成为政协一项传统的制度。委员们通过视察，进一步了解真实国情民生，加强与群众联系，建言献策更有针对性、客观性和科学性。

1955年，宋庆龄视察云南时和当地妇女、儿童在一起

1956年，农业、手工业和资本主义工商业的社会主义改造基本完成。在社会主义条件下，各民主党派是否继续存在下去的问题，又一次被提出来。有人认为，资产阶级作为阶级正在被消灭，资产阶级和上层小资产阶级个人正在被改造，民主党派将"后继无人"，"寿命不长"。还有人对共产党同民主党派是否还要继续合作持怀疑态度。

面对这种情况，1956年4月毛泽东在《论十大关系》的讲话中指出："究竟是一个党好，还是几个党好？现在看来，恐怕是几个党好。不但过去如此，而且将来也可以如此，就是长期共存，互相监督……这对党，对人民，对社会主义比较有利。"他希望民主党派和共产党的关系进一步改善，尽可能把民主党派的积极性调动起来为社会主义服务。

根据毛泽东的讲话精神，"八大"政治报告第一次以党的文件形式确定了今后将"采取共产党和各民主党派长期共存、互相监督的方针"。1957年2月毛泽东对这一方针做了进一步阐述："为什么要让民主党派监督共产党呢？这是因为一个党同一个人一样，耳边很需要听到不同的声音。大家知道，主要监督共产党

中共"八大"上，中国国民党革命委员会主席李济深等代表民主党派和无党派人士向大会献礼，一件象牙雕刻的工艺品，上面雕刻着红军英雄胜利渡过大渡河，以此象征各民主党派在中国共产党领导下，"同舟共济"，胜利地过渡到繁荣幸福的社会主义和共产主义社会。图为大会执行主席邓颖超等代表大会受礼

的是劳动人民和党员群众。但是有了民主党派，对我们更为有益。"

"长期共存、互相监督"的八字方针，明确了社会主义条件下我国仍将长期保持多党合作格局，也为人民政协的长期存在和发展，进一步提供了思想政治基础。

为了便于政协委员参与国是，根据毛泽东的提议，从1959年4月全国政协三届一次会议起，政协全会与全国人民代表大会每年同时召开，政协委员和人大代表一起听取政府工作报告和其他重要报告。由此成为惯例，逐渐形成了对我国政治生活影响深远的"两会"格局。这也是我国人民民主制度的一大特色。

今天的中国，每逢3月，"两会"便成为国人议论的热门话题，世界瞩目的视点。全国政协委员们带着基层视察调研搜集到的民意信息和民生难题，走进人民大会堂，在全国最高的参政议政平台发言。

从党的重要决定、决议的制定，到每年政府工作报告的起草；从重要人事任命，到重大工程上马；从经济体制改革，到民生政策出台；从中央政府，到省、市、县、乡……党和国家的重大决策，各级政府的工作部署，民主党派和无党派人士都拥有发言权。他们积极参政议政，发挥了不可替代的作用。他们关注国计民生，为解决国家建设中存在的一些问题建言献策；他们担负起监督政府工作的职责，勇于提出批评意见；他们广泛联系社会各界，在发展经济、繁荣文化、促进祖国统一等方面发挥着积极作用。

中国共产党领导的多党合作和政治协商制度作为我国的一项基本政治制度已被庄严地写入了宪法。毛泽东对于这一制度的奠基之功也将载入史册，永远被人们铭记。

第三章

万方乐奏

在毛主席纪念堂二楼大厅挂着一幅巨大的油画，这就是由著名画家刘宇一创作的《良宵》。画面上，毛泽东等共和国缔造者与各族代表欢聚在皓月明媚、宫灯高悬的中南海庭院中，或吟诗写字，或品茗倾谈，欢乐祥和的景象令人神往。

《良宵》描绘的正是1950年新中国第一个国庆节的情景。当时，各少数民族代表应邀来京参加国庆活动。10月3日晚，少数民族文工团员在中南海怀仁堂表演了精彩的节目，毛泽东等党和国家领导人出席晚会。

为纪念这次晚会的盛况，毛泽东写下了脍炙人口的词作《浣溪沙·和柳亚子先生》——"长夜难明赤县天，百年魔怪舞翩跹，人民五亿不团圆。一唱雄鸡天下白，万方乐奏有于阗，诗人兴会更无前"。这是新中国成立以后毛泽东的第一首词作，他以领袖的气度和诗人的情怀，唱响了新中国成立后民族团结的序曲。

1949年6月15日，新政治协商会议筹备会在北平成立，下设第三小组负责起草《共同纲领》，由周恩来任组长。经过两个

油画《良宵》

多月的辛苦工作，周恩来于8月22日将《共同纲领》草案初稿交给毛泽东审阅。仔细阅读后，毛泽东提出了一个关于民族问题的重大修改意见。

原来，草案初稿在结构上分一般纲领和具体纲领两大部分，具体纲领部分按"解放全中国"、"政治法律"、"财政经济"、"文化教育"、"国防"、"外交侨务"六个方面，并未把民族政策单列为一个方面，而是在条文上一般地规定各民族一律平等，建立民族自治区。

毛泽东认为民族问题至关重要，有必要上升到国家结构形式的层面来考虑。他提出：要考虑到底是搞联邦，还是搞统一共和国、民族区域自治？看来恐怕还是不要搞联邦。

毛泽东关于民族问题的考虑有其历史和现实的依据。近代以来，帝国主义对中国各民族的侵略和压迫，中国的反动统治阶级对各族人民的剥削和压迫，给各少数民族造成了极端贫困和伤害，也在中华各民族之间造成了很深的民族隔阂和民族矛盾。在国民党统治时期，就曾发生多起民族矛盾激化的事件。新中国成立以后，民族问题获得了根本性解决的可能，但彻底消除民族隔阂和矛盾，实现民族团结仍是十分艰巨的任务。而且，在西藏及新疆南部，一些帝国主义分子在支持所谓"独立"的分裂活动猖獗。

毛泽东清醒地看到：对于中国这个多民族国家而言，要实现国家的富强和民族的振兴，必须解决好民族问题。而要解决我们的民族问题，必须首先做出重要抉择：是学习苏联实行联邦制，还是走自己的路？

毛泽东就这个问题征询中央统战部部长李维汉的意见。李维汉经过深入研究，认为中国与苏联的国情不同，不宜实行联邦制，建议在统一的国家内，实行自治地方制。他具体分析说：苏联少数民族人口与俄罗斯民族大体相等，而我国少数民族只占全国总人口的6%，并且呈现大分散小聚居的状态，汉族和少数民族之间，几个少数民族之间，往往互相杂居或交错聚居。另外，苏联经过二月革命和十月革命，许多民族实际上已经分离为不同国家，因此不得不采取联邦制，作为走向完全统一的过渡形式。我国则不同，各民族在中国共产党领导下，由平等联合进行革命，到平等联合建立统一的人民共和国，并没有经过民族分离，始终都是一个统一的国家。

毛泽东和中共中央完全同意李维汉的分析和建议，认为实行民族区域自治更有利于国家的长期稳定和完整统一。在对《共同纲领》草案的修改中，也相应地增加了"民族政策"一章的内容，并向参加政协会议的代表进行了解释。

9月21日至30日，在第一届政协全体会议期间，各民族代表、各党派各团体代表就这一国家结构形式问题进行了严肃、认真的商讨，确定在中国只能建立单一制的人民共和国。大会通过的《中国人民政治协商会议共同纲领》明确规定：中华人民共和国境内各民族一律平等，实行团结互助，反对帝国主义和各民族内部的人民公敌，使中华人民共和国成为各民族友爱合作的大家庭。反对大民族主义和狭隘民族主义，禁止民族间的歧视、压迫和分裂各民族团结的行为。各少数民族聚居的地区，应实行民族的区域自治，按照民族聚居人口多少和区域大小，分别建立各种

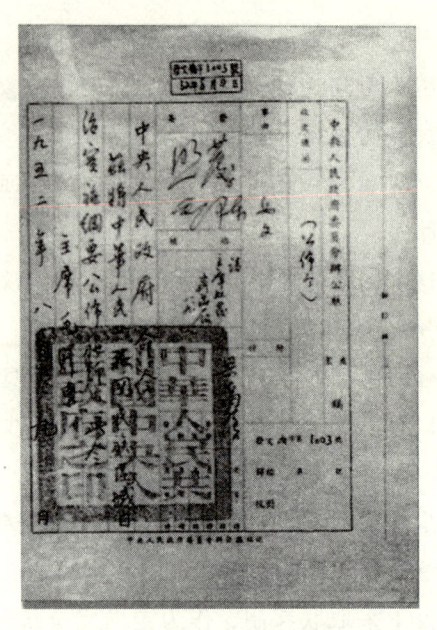

为了实现民族平等、民族团结，达到祖国繁荣昌盛的目的，1952年8月9日，毛泽东签发了中央人民政府命令，颁布《中华人民共和国民族区域自治实施纲要》，受到了各族人民的热烈欢迎

民族自治机关。

从这时开始，在统一的国家内实行民族区域自治，就作为中华人民共和国的一项基本制度和基本国策确定下来。这对于后来在任何复杂情况下，都始终保持整个国家的完整统一和各民族的大团结，具有不可估量的深远意义。

在中央档案馆保存着一幅毛泽东1950年6月的题词手迹——"中华人民共和国各民族团结起来"。这是毛泽东当年送给各少数民族的一份礼物，而不远千里替毛泽东把这个礼物送到的，就是中央民族访问团。

新中国成立初期，少数民族地区对中国共产党制定的民族政策还不甚了解，甚至有些地方由于历史原因造成的民族隔阂比较深。针对这种情况，毛泽东意识到：不消除民族隔阂，平等团结的新型民族关系无法建立,《共同纲领》确定的民族区域自治制度也难以推行。为此,他提议,组建中央民族访问团,深入到各少数民族地区,宣传新中国的民族政策,疏通民族关系。中央通过了这个提议。

1950年6月,第一个访问团——中央西南访问团刚刚组建,毛泽东就接见这个团的120名团员,并亲笔题词"中华人民共和国各民族团结起来"。

此后的两年多时间,中央民族访问团分成数个分团,跋山涉水,分别到达西南、西北、中南等地,足迹几乎遍及全国所有少数民族地区。他们也把毛泽东的题词翻译成各种民族文字,带到了祖国的四面八方。

中央民族访问团深入到各少数民族地区进行访问

有些少数民族由于长期处于与世隔绝的封闭状态,开始对中央民族访问团的到来表现冷淡。团员们就用自己一点一滴的行动,化解隔阂,消除对立,在感情上逐步拉近了与少数民族群众的距离。访问团还通过表演歌舞、放电影、办展览等多种形式的活动,在各族群众中做宣传工作。

在多数地方，中央民族访问团受到了当地各族群众的热烈欢迎。人们奔走相告：毛主席派亲人来看我们了。许多人经过几天的风餐露宿，从百里之外赶来，就是要看看毛主席派来的访问团，听听毛主席的代表说些什么。

新中国成立前，民族地区卫生设施十分落后，鼠疫、天花和其他传染病流行。每遇瘟疫，病人便成批死亡。这种情况引起了毛泽东和党中央的关注，卫生部先后向西南、西北等疫情严重地区派出40个卫生工作大队。1952年，一支中央民族卫生工作大队来到四川省甘孜藏族自治州。这里老百姓得病的很多，但他们治病的方式就是到庙里打卦。卫生大队很快"入乡随俗"，把医疗工作做进了喇嘛庙。据时任中央民族卫生工作大队大队长的叶干运回忆说："我们每到一地，就到喇嘛庙去拜访活佛。我们给他献哈达，然后说明来意，就是为老百姓看病治病，为群众谋福利。以后和活佛关系搞好了，一般老乡有病还是先到庙里打卦。一打卦，活佛就说，菩萨说了，你这个病要到民族医疗队去看，他们那里有好医生、好药。他们就信了，就到我们那去治病。病很快治好了。当地老百姓都传说一句话，就是活佛的卦真灵，而毛主席派来的医生技术和药真好。"北京来的医生免费治病，医术精湛，挽救了无数的生命。少数民族老百姓从心底感谢这些白衣天使，把他们当作亲人。

新中国成立初期，民族地区物资匮乏的情况也很严重。中央民族访问团带去了一些当地紧缺的药品、绸缎、布匹、食盐、茶叶、针线等物品，受到少数民族群众的极大欢迎。后来，在毛泽东的关心下，中央又派出多支专门的民族贸易工作队开赴边远地区，完全按照市价与少数民族群众进行交易，在很短的时间内，就消除了民族地区沿袭千年的不公平交易。据甘肃肃南裕固族老人讲，新中国成立前买一盒火柴要用几斤羊毛换，民族贸易队来了以后，完全用货币交易，一斤羊毛可以卖到4块钱，而买一盒火柴只需要2分钱。

1952年中央民族卫生工作大队在四川省甘孜藏族自治州为藏民治病

访问团、医疗队、民族贸易工作队,成了毛主席和共产党在民族地区的形象代言人。他们走到哪里,就把歌声和欢乐带到哪里;他们走到哪里,哪里就掀起民族团结的高潮。

1950年国庆前夕,首都北京迎来了一些特殊的客人。他们来自全国各地,身穿各种奇异样式的衣服。原来,他们是应毛主席和周总理的邀请来参加国庆观礼活动的各少数民族代表。

这一次,应邀参加国庆观礼活动的共有159位少数民族的代表和222名各民族文工团员。其中,有工人、农民、牧民、猎人等普通劳动者,还有活佛、喇嘛、土司、头人等民族宗教上层人士。

刚到北京,有些少数民族代表显得十分拘谨。之前,他们还从来没有走出过世代居住的大山、村寨,由于历史原因对汉族怀有害怕、防备的心理。有的人甚至说到了北京,就回不去了。

然而,在北京受到的待遇无一不出乎他们当初的意料。住的是高级宾馆,吃的是照顾民族饮食习惯的饭菜,还游览了北京的一些名胜古迹。走在北京城的大街上,所到之处,都受到了北京市民热情友好的欢迎。

更让他们想不到的是,还得到了毛主席的亲切接见。一位赫哲族代表至今仍记得当时的情景:"毛主席笑容满面,和代表们一一握手,每到一个代表前都温和地询问:'你是什么民族?'一行,两行,三行,四行,当毛主席走到我跟前紧握着我的双手,问我是什么民族时,我激动得热泪直流,眼睛也模糊了,事先想好的话全忘了,只是说:'我是赫哲族。'而后毛主席点头微笑着,好像既鼓励又安慰似的,我浑身热呼呼的,不知说啥是好。"

傣族代表向毛泽东敬献金伞

10月1日一早,代表们每人胸前佩戴红色绸子条标志,登上了天安门观礼台,同首都几十万观众共同观看国庆典礼。10月3日晚的盛况,在油画《良宵》和毛泽东的《浣溪沙·和柳亚子先生》词中都有淋漓尽致的表现。

国庆节后,代表们又进行了一个多月的考察参观,走的时候都依依不舍。云南很多代表回去后,还难掩见到毛主席的激动。

26个民族的代表举行会盟，立下了"一心一德，团结到底，在中国共产党的领导下，誓为建设平等自由幸福的大家庭而奋斗！"的誓言，并把誓言镌刻在一块石碑上。这块民族团结誓词碑今天仍矗立在在普洱哈尼族彝族自治县民族团结园内。

从最初的不敢来，到后来的不想走，少数民族代表通过观礼活动，不仅打消了原有的顾虑，而且大开眼界，增长了知识，了解了政策，特别是感受到了祖国大家庭的温暖。这一增进民族团结的形式一直保留到今天。

在北京学府林立的海淀区有一所特殊的大学——中央民族大学，过去叫中央民族学院。说它特殊，一方面是学生大多来自少数民族，另一方面是多年来一直享受着特殊的待遇。自1951年6月成立以来，毛泽东曾十多次接见这所学校的毕业生。这令其他学校的学生羡慕不已。

中央民族大学的前身——中央民族学院

新中国成立初期，少数民族地区不仅经济、文化落后，而且人才不足，干部缺乏。早在1949年11月，毛泽东在对西北民族工作的指示中就提出：要彻底解决民族问题，完全孤立民族反动派,没有大批从少数民族出身的共产主义干部,是不可能的。一切少数民族地区,都应开办少数民族干部训练学校。1950年6月,毛泽东在七届三中全会上又指出:"没有少数民族自己的干部,就不能进行任何带群众性的政策工作,我们一定要帮助少数民族训练他们自己的干部,团结少数民族广大群众。"

根据毛泽东的指示,中央人民政府政务院于1950年11月通过了《培养少数民族干部试行方案》和《筹办中央民族学院试行方案》。中央民族学院由政务院直接筹建,一成立,就汇集了众多当时全国知名的一流学者,如吴文藻、潘光旦、费孝通、林耀华、翁独健等。在当时,中央民族学院的师资力量达到了全国高校的一流水平。

此后,又陆续建立了西北、西南、中南等9所民族学院,帮助各少数民族培养自己的政治干部和专业技术人才。连当时人数最少的赫哲族也有了自己的大学生。

一批批的少数民族学员,把知识和技术带回到自己的家乡。经过实践的锻炼和有针对性的重点培养,他们中很多人逐渐走上各级领导岗位,发挥骨干作用,为推行民族区域自治、改变少数民族地区落后面貌做出了重要贡献。

有一首歌在彝族地区被广为传唱:"哎……大雁大雁你慢慢飞,你是不是要飞到北京去,要是你见到毛主席,你就说,我们彝家实行了民族改革,分到了土地和牛羊。"

新中国成立后,一些民族地区还保留着过去的旧制度,如四川凉山彝族自治州就保留了奴隶制,四川藏区和西藏则保留了农奴制。共产党领导下的民族区域自治,不是民族上层的自治,而是自治民族人民群众当家做主的自治。因此通过民主改革解放劳苦大众,是我们实行民族区域自治的必由之路。

就在民主改革深入推进的时候,1955年12月,四川彝族、藏族地区相继发生了武装叛乱。事件发生后,当地一些干部对是否继续执行和平改革政策产生了疑问。这引起了中共中央的高度重视，1956年7月，中央统战部邀请四川省有关负责人和部分藏族、彝族代表到京，专门研究四川的民主改革问题。会议由李维汉主持。会上，对民主改革中出现的一些现象和问题，大家畅所欲言，发表了各自的看法。

7月22日，毛泽东在颐年堂主持了中央政治局会议，专门听取李维汉汇报情况。

在如何处理藏族地区寺庙财产问题上，有人主张应予没收，有人不同意，认为藏族是一个全民信教的民族，寺庙财产不能没收。四川甘孜藏族自治州州长、藏族干部天宝持后一种意见。

毛泽东明确表示支持天宝的意见，他说：我们还有一条，就是少数民族自己管自己的事。所以天宝一说，我们就听他的，把我们都压倒了。

遵从少数民族群众的意愿，慎重稳进，是毛泽东在民族地区社会改革问题上始终坚持的原则。颐年堂会议后，和平改革方针得到很好的贯彻，四川藏、彝地区的民主改革顺利完成。1959年西藏也进行了民主改革，农奴翻身获得解放。

1959年8月10日，甘丹寺所属黔卡的农奴们将寺庙所有的乌拉差役、高利贷、卖身等文书契据，投入熊熊烈火化为灰烬

今天，很多藏族老百姓的家里还挂着毛泽东的画像。在他们的心目中，毛泽东是文殊菩萨的化身。而毛泽东当年并没有把自己和汉族看作藏族的大救星，他主张平等对待少数民族。

新中国成立初期，在建立民族自治的过程中，部分干部、群众表露出某些大汉族主义的倾向，一些地方出现汉族干部包办代替，不尊重少数民族宗教信仰、风俗习惯、语言文字和经济权益等现象。毛泽东对此采取了零容忍的态度。1952年，他在中央转发甘肃定西地委关于执行民族政策的检查报告上批示：希望每个有少数民族聚居或杂居地区的县委及地委，于切实检查所属区乡的工作情况后向中央写一个报告。此后，全国各地开展了民族政策执行情况的大检查，主动查找不足，切实改进民族工作。

1953年3月，毛泽东又为中共中央起草党内指示，严厉批判大汉族主义。他说：必须深刻批评我们党内在很多党员和干部中存在着的严重的大汉族主义思想，即地主阶级和资产阶级在民族关系上表现出来的反动思想，即是国民党思想，必须立刻着手改正这一方面的错误。

1955年3月9日，国务院第七次会议通过了《关于成立西藏自治区筹备委员会的决定》。就在同一天，毛泽东亲自拜访了来京的班禅，并同他作了长时间的交谈。毛泽东诚恳地说："过去我同张经武、范明都谈过，要他们对我们的干部讲，我们进藏是诚心诚意帮助的，不是代替的，而且帮助还要帮助得好，不能让人家不舒服。同时我也对他们讲，要以这两条来考验我们的干部。虽然这样，但是你们也应该对他们进行帮助，随时提出意见，不对的要改正，如果不改正，你们可以提出意见，把他们调回来。"这番话令班禅十分意外，也十分感动。

在毛泽东的努力下，大汉族主义趋于消解，各民族之间联系

1955年2月24日,在北京举行的藏历木羊年新春宴会上,毛泽东和西藏宗教领袖达赖喇嘛·丹增嘉措、班禅额尔德尼·确吉坚赞(左二)谈话

密切了,情感沟通了,原来有积怨的多数取得和解,原来分割对立的逐渐走向团结合作,本来是团结的则更加亲密了。

新疆焉耆是一个回族聚居的地方,他们的祖先在150多年前从黄土高原西迁进入新疆,在这里扎下了根,繁衍生息。1954年3月15日,是焉耆回族难忘的一个日子。这一天县级自治区成立了,回族在焉耆当家做主了!

到1954年年底,新疆先后成立了6个自治县、5个自治州。凡有聚居地、符合建立自治地方的民族都实行了区域自治,建立省级自治区的条件业已成熟。

然而,对于世居13个民族的新疆来说,确定自治区的名称是一个难题。1955年初,赛福鼎和包尔汉在北京开会,习仲勋约见他们,对他们说:"毛主席要我征求你们两位的意见,将来新疆叫新疆自治区如何?"赛福鼎对毛主席如此重视他们的意见非常高兴，于是开诚布公地说出了自己的看法。他说："自治不是给山川、河流的，而是给某个民族的。所以，它叫'民族区域自治'，因此，'新疆自治区'这个名称不太合适。"习仲勋当场表示说："好，我向毛主席报告你的意见。"过了两天，习仲勋又约见赛福鼎和包尔汉，告诉他们说："毛主席同意赛福鼎的意见，应该叫作'新疆维吾尔自治区'，毛主席要我告诉你们。"

毛泽东希望维吾尔族在新疆像汉族在全国帮助少数民族一样，照顾区域内的其他民族，通过自治区的建立，发展新疆各民族的团结合作。

1955年10月1日，新疆各族人民欢庆新疆维吾尔自治区成立

1955年10月1日，新疆维吾尔自治区成立了。实行民族区域自治，揭开了新疆历史新的一页。此后，广西壮族自治区、宁夏回族自治区、西藏自治区相继宣告成立。实行民族区域自治、建立自治区，成为少数民族和民族地区改天换地、建设美好家园的全新起点。

在和平解放前，西藏没有一条正规的公路。据说20世纪30

年代英国驻江孜商务处买了3部汽车,因为路实在太糟糕了,只能用一群牦牛拉着汽车走。长期以来,西藏对外的物资交流只能靠马帮驮运,而一队马帮一年最多从内地往返两次,运进运出的物资十分有限。

进藏之初,毛泽东就发出了"一面进军,一面建设"的号召,康藏、青藏公路由此开始投入建设。经过部队和筑路工人两年多的艰苦施工,1952年11月,将公路从西康雅安修到了西藏的昌都。在举行通车典礼时,毛泽东亲笔为筑路人员题词"为了帮助各兄弟民族,不怕困难,努力修路"。这极大鼓舞了参加筑路的部队和工人。1953年1月,毛泽东在听取康藏公路昌都至拉萨段的选线方案后,亲自批准采用南线方案,并要求1954年通车拉萨。在新中国成立后,作为党中央和中央人民政府主席的毛泽东亲自批准一项具体建设工程项目,这是极其特殊的事例,可见毛泽东对西藏经济建设的高度关怀。

少数民族地区的发展,一直牵动着毛泽东的心。1952年,毛泽东在接见西藏致敬团代表时说:"如果共产党不能帮助你们发展人口、发展经济和文化,那共产党就没有什么用处。"后来又多次重申:"我们要诚心诚意地帮助少数民族发展经济建设和文化建设。"

1954年12月25日,举世闻名的康藏、青藏公路建成通车,西藏没有公路的历史宣告结束。为了修筑这两条公路,11万军民付出了无比艰辛的劳动,3000多人献出了宝贵的生命。毛泽东的题词表明了筑路的意义所在:"庆贺康藏、青藏两公路的通车,巩固各民族人民的团结,建设祖国!"

两路通车后,各种生产、生活物资被源源不断地送到西藏,而西藏丰富的土产、特产和畜产品,也可以销往内地。西藏还第一次建起了汽配厂、地毯厂、发电厂、硼砂厂等工矿企业,揭开了发展现代工业的帷幕。西藏人民把康藏、青藏公路称为"天路"、"金桥"。50多年过去了,青藏铁路已经通车,但这两条公路仍然是西藏的运输大动脉。

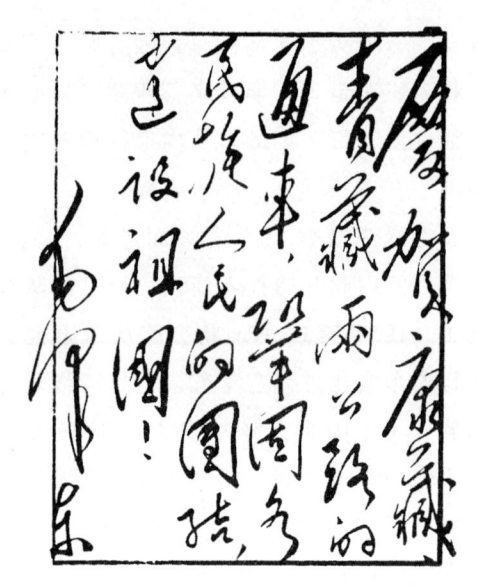

1954年12月,毛泽东为庆贺康藏、青藏公路通车题词

在毛泽东的关怀下,中央政府对民族地区的建设给予了资金、技术、人力等方面的大力支援。民族地区的落后面貌开始改变,逐步缩小与先进地区的差距,走向共同繁荣。

随着十一届三中全会的召开,改革开放政策的确立,我国民族事业再次进入了一个新的大发展时期。各族同胞团结一心,掀起了中国特色社会主义建设事业新高潮。民族地区的面貌也发生了可喜的巨大变化。

实践充分证明,民族区域自治制度适合中国国情,得到各民族衷心拥护,具有强大的生命力和无比的优越性。当我们回顾这一制度建立和完善的历史过程时,不能不为毛泽东当年一系列正确的决策而折服。

第四章

"三农"建设

    1949年7月,就在新中国即将成立的时候,美国国务卿艾奇逊给总统杜鲁门写了一封信,信中说:"中国人口在十八、十九世纪里增加了一倍,因此使土地受到不堪负担的压力。人民的吃饭问题是每个中国政府必然碰到的第一个问题。一直到现在没有一个政府使这个问题得到了解决。"艾奇逊还预言:"共产党政权在不久的将来,会因粮食问题而垮台。"

    艾奇逊说这样的话当然有其目的,但也确实道出了新中国面临巨大困难的实情。由于帝国主义、封建主义、官僚资本主义长期压迫剥削和连续多年战争的摧残,旧中国留下的是一个千疮百孔的烂摊子。而当时最为紧迫、严重的问题就是吃饭问题。1949年,全国粮食总产量仅有2200多亿斤。不法商人囤积居奇,粮价飞涨。农业生产水平低下,农民生活困苦,即便是历史上十分富庶的江南地区,在农村也是一片荒凉的景象。

    出身农家的毛泽东,深知"吃饭问题"的重要性,但他没有被这个困难吓倒。他发表《唯心历史观的破产》坚决驳斥了艾奇逊的言论。他充满信心地说:"一个人口众多、物产丰富、生活优裕、文化昌盛的新中国，不要很久就可以到来。"此后，毛泽东带领人民踏上建设国家的新征程，留下了许多探索中国农业、农村和农民问题的深深足迹。

地主阶级的土地所有制，一直是阻碍中国历史进步和中国经济发展的一个顽症，也是中国社会阶级矛盾的一个焦点。拥有自己的土地，是中国农民世世代代的梦想。新中国成立前，中国共产党的土地政策在解放区赢得了农民的拥护，到1949年，已经有华北、东北等老解放区的近1亿农民分得了土地，但是在新解放区和暂时未解放的地区，还有近3亿农民处于无地或少地的赤贫状态。

毛泽东深知，国民经济的迅速恢复离不开占中国人口80%以上的农民的全力支持，离不开农村的土地改革运动。1950年6月，他在中共七届三中全会上提出：全党和全国人民当前阶段的中心任务，是为争取国家财政经济状况的基本好转而斗争，而要完成这一中心任务，一个首要的条件就是继续完成全国农村的土地改革。

在毛泽东主持下，《中华人民共和国土地改革法》（简称《土地改革法》）经反复讨论修改，于1950年6月28日正式通过。《土地改革法》明确规定："废除地主阶级封建剥削的土地所有制，实行农民的土地所有制，借以解放农村生产力，发展农业生产，为新中国的工业化开辟道路。"

从这一年冬天开始，大规模的土地改革运动在各个新解放区开展起来。土地分配的原则是：没收地主的土地，征收祠堂、庙宇、寺院等在农村中的土地，除依法收归国有者外，其余统一交乡政府，公平合理地分配给无地或少地的贫苦农民，对地主也分给同样的一份。与过去战争时期征收富农多余土地财产不同，新解放区土改中采取了保存富农经济的政策。

对于无地和少地的贫苦农民来说，这是一次翻天覆地的历史变迁。当看到旧地契房契被付之一炬，拿到盖有中华人民共和国

《中华人民共和国土地改革法》受到广大农民的热烈拥护

人民政府大红印章的土地证时,他们的喜悦心情是无法形容的。一张老照片生动记录了当时的情景:四川郫县永定乡分得土地的农民,欢天喜地围看毛主席像,一位70岁的老太太抚摸着毛主席的脸,高兴地说:"哪儿有共产党,哪儿人民得解放,哪儿见了毛主席,哪儿人民得救星。"

四川郫县永定乡新分得土地的农民围看毛主席像

到 1953 年春天，中国大陆大部分地区完成了土地改革。3 亿多无地和少地的农民分到 7 亿多亩土地，并免除了每年向地主交纳 700 亿斤粮食的地租负担。

土地改革彻底消灭了在中国延续两千多年的封建土地所有制，极大地解放了农村的生产力。亿万翻身农民第一次拥有了属于自己的土地，发展生产、改善生活的劲头空前高涨。他们起早贪晚，积肥打井，添牛买马，精耕细作。1952 年，中国粮食产量达到 3278 亿斤，比 1949 年增长了 44.8%。农民们从心底感谢毛主席和共产党，纷纷写来丰收捷报。

农民丰收的捷报，总能让毛泽东脸上露出灿烂的笑容，而农民受苦受难的消息，带给他的却总是满怀的忧虑和沉重的责任。

1950 年 9 月 30 日夜，人们正忙于欢庆新中国成立一周年，毛泽东看到长江有关水灾资料，双眉紧锁。第二天，他专门接见了中南局第三书记邓子恢，了解到"万里长江，险在荆江"。绵延 182 公里的荆江大堤，保护着江汉平原 800 万人民的生命财产和 100 多万亩农田。新中国成立前的 100 年中，荆江大堤 5 次决口，造成巨大的损害，历来是悬在千百万人民心中的一大忧患。

我国在历史上始终是一个各类自然灾害频发的国家。新中国成立初期，由于长年战乱的影响，各地水利设施年久失修，很多地区的农村在自然灾害面前几乎毫无抵御能力。毛泽东深知，水利是农业的命脉，要发展农业，必须把兴修水利、除水旱之害作为第一要务。

毛泽东当即同意邓子恢提出的荆江分洪工程的建议。他说：尽管国家财政相当紧张，但为了解除湖北人民的洪水威胁，也要干荆江分洪工程。

由于此项工程规模宏大，牵涉湘鄂两省利益，为了尽快施工，

1952年春成立了荆江分洪工程指挥部，4月5日全面开工。毛泽东批准抽调6万人民解放军加入工程建设。水利部部长傅作义请毛泽东题词，毛泽东立即答应，挥毫写下了"为广大人民的利益，争取荆江分洪工程的胜利！"结果仅仅用了75天时间，荆江分洪第一期主体工程就保质保量完成，创造了历史上罕见的奇迹。

新中国第一个大型水利工程荆江分洪工程正在施工之中

毛泽东不仅把目光投向荆江，还关注着更多的水利工程。1952年毛泽东第一次出京巡视的地方就是黄河，他嘱咐大家："要把黄河的事情办好。"毛泽东站在黄河大堤上，详细询问大堤、大坝的情况，指示要修好三门峡水库。他说："这个大水库修起来，把几千年以来的黄河水患解决了。还能灌溉农田几千万亩，发电一百万瓦，通行轮船也有了条件。"1954年长江大水后，在毛泽东看来，根治长江水患已成当务之急。毛泽东针对长江的治理与开发，写下了"高峡出平湖"的宏伟诗篇。针对长江的防洪和综合利用，毛泽东主持的1958年成都会议通过了《中共中央关于三峡水利枢纽和长江流域规划的意见》。针对我国北方严重缺水、南方水多且经常泛滥成灾这一矛盾，毛泽东第一次提出南水北调的宏伟设想。

三门峡水库

在毛泽东的领导下，国家投资兴建大型水利工程和修复河道及其他防洪防涝设施，各地农民自己组织起来兴办各类小型水利设施。国家的重视和投入，以及广大人民群众的积极参与，促进了农田水利事业的迅速发展。

20世纪50年代初期，不仅对淮河进行了全面治理，还兴建了著名的官厅水库，完成了引黄济卫等一系列大型水利工程。1950年代后期和1960年代，修建了三门峡水库等大型水利枢纽设施，1970年代又上马了葛洲坝工程。这些水利工程的兴建，为抗御自然灾害，为保障和促进农业及国民经济的发展起了重要的作用，解决了百余年来中国历届政府未能解决的问题。我国在1970年代末扭转了历史上长期以来南粮北调的局面。即使是在十年内乱中，水利建设仍没有放松，农业生产的维持保证了全国人民有饭吃。

1952年，时任中南局第二书记的邓子恢奉命赶到北京，出任新成立的农村工作部部长。毛泽东对邓子恢说，就农村来说，土改已经结束了民主革命，现在是做第二篇文章了，搞社会主义。

毛泽东提出搞社会主义，这源于他对农村情况和农民意愿的了解。土地改革之后，多数农民的生产、生活条件虽有改善，但由于缺乏资金、耕畜、农具或劳动力不足，扩大再生产仍有许多困难，更经不起天灾人祸的袭击。在毛泽东看来，"搞农贷，发救济粮，依率计征，依法减免，兴修小型水利，打井开渠，深耕密植，合理施肥，推广新式步犁、水车、喷雾器、农药，反对'五多'等等，这些都是好事。但是，只在小农经济基础上搞这一套，那就是对农民行小惠"。为了克服单家独户生产所遇到的困难，真正地造福农民，毛泽东设想打破小农经济的桎梏，把农民组织起来，引导他们走合作化的道路。

1951年9月，中共中央召开了全国第一次农业互助合作会议。会议通过了《中共中央关于农业生产互助合作的决议（草案）》，指出：土地改革后农民的生产积极性，既有个体经济积极性，也有劳动互助积极性。只有注意到这两个积极性，才能推动农村生产力的正常发展。

农业合作化运动初期稳步健康发展。广大农民从眼前活生生的事实中，尝到了互助合作的甜头，积极自觉地要求互助合作。当时80%以上的合作社都增产增收，而且一般都是互助合作优于单干。

合作社农民在劳动

由于办合作社，一个叫王国藩的普通农民出了名，还得到毛泽东的多次接见。1952年，河北遵化县西铺村的王国藩把村里最穷的23户农民联合起来，办起了初级社。起初，村里唯一的一头驴还有四分之一的使用权不属于入社的村民，因此人们把他们叫作三条驴腿的穷棒子社。但是，正是靠着这三条驴腿，这个穷棒子社在第二年就发展到了83户，粮食亩产从120斤增长到300多斤。

1955年，毛泽东为了推进合作化运动，亲自编辑了《中国农村的社会主义高潮》一书。在按语中，他充分肯定了王国藩的"穷棒子社"，他说："我看这就是我们整个国家的形象。难道六万万穷棒子不能在几十年内，由于自己的努力，变成一个社会主义的又富又强的国家吗？"

1955年农业合作化运动进入高潮。到1956年底，全国96.3%的农户都加入了合作社，基本上完成了高级形式的合作化。尽管存在着速度过快、方式过粗的问题，但是农业合作化的完成，实现了中国土地的公有化，在广大农村建立起了劳动群众的社会主义集体所有制，完成对个体农业的社会主义改造。此后，通过合理规划土地利用，进行大规模的水利灌溉和农田基本建设，推广机械耕作、施肥、杀虫等农业科学技术，我国农业的生产条件大为改观。

1958年五一劳动节，天安门广场举行庆祝活动，在游行队伍中出现4台国产拖拉机，十分引人注目。更令人们想不到的是，其中1台拖拉机竟然产自一家小修理厂。

辽宁安东机器厂是抗美援朝时建起的小修理厂，后来转为民用，主要制造拖拉机零件。1956年，安东机器厂的工人们开始了生产拖拉机的大胆尝试，虽然两次试制没有成功，但工人们摸索到了制造内燃机的经验，提高了试制的信心。他们想了各种办法克服技术上、工具上、材料设备上和财务上的困难，没有技术人员就依靠老工人，做发动机喷油嘴，没有电火花设备就以手工方法钻孔，终于在1957年试制成功一台30马力单缸轮胎式拖拉机——"鸭绿江一号"。

"鸭绿江一号"参加了1958年在北京举行的农业机械展览会。但是，在遴选参加五一国际劳动节拖拉机游行车队的机车时，"鸭绿江一号"却因外形不太美观而落选了。可是，5月1日早晨，戏剧性的一幕发生了！原定参加游行的四台拖拉机中的一台，因技术不过关开到半路就出了故障，于是"鸭绿江一号"就代替它与其他三台拖拉机一起驶进天安门广场，接受了党和国家领导人的检阅。后来，国家计委递交报告，叙述了安东机器厂工人克服重重困难试制"鸭绿江一号"拖拉机的经过。毛泽东看过后，写下了"卑贱者最聪明，高贵者最愚蠢"的批语，表示肯定与支持。

农业社会主义改造完成后，毛泽东开始勾画中国农业现代化建设的宏伟蓝图。在1957年3月全国宣传工作会议上，毛泽东明确提出："我们一定会建设一个具有现代工业、现代农业和现代科学文化的社会主义国家。"同年10月，毛泽东在中共八届三中全会上又说："讲到农业与工业的关系，当然，以重工业为中心，优先发展重工业，这一条毫无问题，毫不动摇。但是在这个条件下，必须实行工业与农业同时并举，逐步建立现代化的工业和现代化的农业。过去我们经常讲把我国建成一个工业国，其实也包括了农业的现代化。"

为了推进农业现代化建设，毛泽东花了很多精力探讨农业技术改造和农业机械化的问题。1959年4月，针对当时农业的实际情况，毛泽东在《党内通信》中提出"农业的根本出路在于机械化"的著名论断。他主张土洋结合，先从农具改良、半机械化入手，循序渐进，逐步实现全面机械化，要求："每省每地每县都要设一个农具研究所，集中一批科学技术人员和农村有经验的铁匠木匠，搜集全省、全地、全县各种比较进步的农具，加以比较，加以试验，加以改进，试制新式农具。试制成功，在田里实验，确实有效，然后才能成批制造，加以推广。"

农民学习使用新农机场景

毛泽东强调充分发挥地方积极性，依靠地方自己的力量办机械化。1966年3月12日，毛泽东在写给刘少奇的信中指出，我国的农业机械化应"以各省、市、区自力更生为主，中央只能在原材料等等方面，对原材料等等不足的地区有所帮助，也要由地方出钱购买，也要中央确有原材料储备可以出售的条件，不能一哄而起，大家伸手"。

毛泽东的农业机械化战略后经农机部门依据实际情况概括总结为著名的"三为主"方针，即农机制造以地方为主，农机产品以中小型为主，农机购买以集体为主。实践证明，这一战略非常符合我国人多地少、精耕细作、经济落后的国情，实行效果很好。

在"三为主"方针的指引下，一大批以制造农业机械为主要方向的地方中小型企业迅速崛起。到20世纪70年代末，全国已有县以上农机制造厂1900多个，县农机修造厂2400多个，共有职工145万人。同时形成了上海、北京、天津等八大农业机械生产基地，中国的农机制造企业已经能够制造多种型号的拖拉机和农具。与此相应，全国机耕土地面积也从1957年的264万公顷快速扩大到1979年的4222万公顷，机耕面积与总耕地面积的比例从24%增加到了42%。

最初搞农业机械化时，许多干部连农业机械化的概念都不清楚，成千上万的农民更是从未见过拖拉机。农民使用的仍是千余年前祖先使用过的铁锹、镰刀、锄头之类的传统手工农具，科技意识淡薄。通过农业机械化运动，大批农民被培养成了农机技术人员。到1978年底，全国仅人民公社系统就有农业机械管理操作人员790多万，其中拖拉机手330万。他们是中国第一批懂得现代生产技术的农民，对现代科学技术在农村的推广和运用起了很大作用。

黑龙江友谊农场在收割小麦

中国落后挨打的沉重历史，激发了毛泽东等中共第一代领袖强烈的民族自尊心，他们试图用"大跃进"和"人民公社化"运动的方式，在短时间内改变中国的落后面貌。然而，主观上对客观经济规律的忽视，使中国的经济建设出现了一系列始料不及的严重后果。

1960年下半年，面对严重的经济困难，毛泽东意识到，当务之急是正确判断客观形势，制定切合实际的国民经济调整政策。

12月，中共中央召开了八届九中全会，正式决定对国民经济进行"调整、巩固、充实、提高"，集中力量加强农业。

为了把国民经济调整方针落到实处，毛泽东向全党发出"大兴调查研究之风"的号召，要求把1961年搞成"调查研究年"和"实事求是年"。

八届九中全会结束后，毛泽东身体力行，南下调查。1961年3月，他在广州主持起草《农村人民公社工作条例（修正草案）》（《农业六十条》），并召集有部分中央局书记和各省、自治区、直辖市负责人参加的会议讨论。毛泽东后来说，这是公社化以来，中央同志第一次坐下来一起讨论和彻底解决农业问题。

当时农村的公共食堂

1961年，刘少奇、周恩来、朱德、邓小平等也深入农村，调查研究。他们都发现了公共食堂存在严重的问题。

5月中下旬，各路调查的领导人回到北京，参加毛泽东主持召开的中央工作会议，进一步修改《农业六十条》，取消农业实行供给制和办公共食堂的规定。

9月27日，毛泽东又来到邯郸，召集河北、山东等省的负责人座谈。与会者就克服人民公社的平均主义等问题进行了热烈的讨论。两天之后,毛泽东给政治局常委及有关负责人写信,认为要克服严重的平均主义,必须把人民公社的基本核算单位由大队改为小队,实行三级所有,队为基础。不久,中共中央正式发出《关于改变农村人民公社基本核算单位问题的指示》。

这一系列农村政策的调整,使农民的生产积极性有了明显提高,农村的生产和生活出现了良好的转机。

1964年的一天,著名气象学家竺可桢接到毛泽东的邀请来到中南海。原来,竺可桢此前写了一篇论文《论我国气候的几个特点及其与粮食作物生产的关系》,其中分析了光、温度、降雨对粮食的影响,提出了发展农业的许多设想。毛泽东看到后非常高兴,专门请竺可桢到中南海面谈,对他说:"你的文章写得好啊!我们有个'农业八字宪法',只管地。你的文章管了天,弥补了'八字宪法'的不足。"竺可桢回答:"天有不测风云,不大好管呢。"毛泽东幽默地说:"我们两个分工合作,就把天地都管起来了!"

管好地上的事,也就是管好农业,确实是毛泽东心目中的一件大事,他为此耗费了巨大的心血。

新中国成立后,从第一个五年计划开始,根据国际环境和国内的具体条件,确定了优先发展重工业的方针。但毛泽东始终没有忽视"三农"问题,历来主张重视农业,正确处理工农业发展关系,夯实农业的基础地位,推进农业现代化建设。

1956年,在《论十大关系》中,针对当时经济计划中出现的重工轻农、重城轻乡的问题,毛泽东就指出:"我们现在的问题,就是还要适当地调整重工业和农业、轻工业的投资比例,更多地发展农业、轻工业。""我们现在发展重工业可以有两种办法,一种是少发展一些农业、轻工业,一种是多发展一些农业、轻工业。从长远观点来看，前一种办法会使重工业发展得少些和慢些，至少基础不那么稳固，几十年后算总帐是划不来的。后一种办法会使重工业发展得多些和快些，而且由于保障了人民生活的需要，会使它发展的基础更加稳固。"

1957年1月，毛泽东在省、自治区、直辖市党委书记会议上指出："全党一定要重视农业。农业关系国计民生极大，要注意，不抓粮食很危险。不抓粮食，总有一天要天下大乱。"

1958年，毛泽东提出"农业八字宪法"，即土（深耕、改良土壤、土壤普查和土地规划）、肥（广辟肥源、合理施肥）、水（发展水利、合理用水）、种（培育和推广良种）、密（合理密植）、保（植物保护、防治病虫害）、管（田间管理）、工（工具改革）。它是毛泽东经过深入调查研究，并在他主持制定的《一九五六年到一九六七年全国农业发展纲要（草案）》中归纳提炼出来的。1964年，看到竺可桢的文章，毛泽东又说："农业八字宪法"似应加上光、气二字。光合作用是一切绿色植物最基本的生命活动，由于农业是露天作业，它与天气和气候又紧密相关。当年，毛泽东抓农业问题的认真态度和执着精神，给很多人留下了深刻印象。

1960年3月，毛泽东明确提出了"农业是基础，工业为主导"的方针。1960年8月10日，经毛泽东批准，中共中央发出的《关于全党动手，大办农业，大办粮食的指示》，强调："农业是国民经济的基础，粮食是基础的基础。"1962年9月，毛泽东在中共八届十中全会上明确提出："农业是国民经济的基础，这是一个普遍规律。"1964年12月，第三届全国人大第一次会议对"四化"的内容和排列次序作了调整，把"农业现代化建设"列为四个现代化的首位，指出："今后发展国民经济的主要任务，总的来说，就是要在不太长的历史时期内，把我国建设成为一个具有现代农业、现代工业、现代国防和现代科学技术的社会主义强国。"

1970年农民在收玉米

改革开放以后，毛泽东"农业是基础"的思想得到继承和发展，在全党、全社会形成了"没有农业的现代化就没有整个国民经济的现代化"的共识。

1952年10月14日，陈云将一份关于江苏青浦县小蒸乡农民情况的调查报告报送毛泽东。报告反映由于农业歉收、征粮过重和人多地少，农民生活普遍困难。第二天，毛泽东就写信给华东局第三书记谭震林，要求认真解决此事。

新中国成立后，毛泽东高度重视农民问题，致力于增加农民收入，改善农民生活。1956年他在《论十大关系》中强调指出："除了遇到特大自然灾害以外，我们必须在增加农业生产的基础上，争取百分之九十的社员每年的收入比前一年有所增加，百分之十的社员的收入能够不增不减，如有减少，也要及早想办法加以解决。"

毛泽东反对高征购，批评高征购是竭泽而渔。在《论十大关系》中他说："我们同农民的关系历来都是好的，但是在粮食问题上曾经犯过一个错误。一九五四年我国部分地区因水灾减产，我们却多购了七十亿斤粮食。这一样一减一多，闹得去年春季许多地方几乎人人谈粮食，户户谈统销。农民有意见，党内外也有许多意见。……我们发现了缺点，一九五五年就少购了七十亿斤，又搞了一个'三定'，就是定产定购定销，加上丰收，一少一增，使农民手里多了二百多亿斤粮食。这样，过去有意见的农民也说'共产党真是好'了。这个教训，全党必须记住。"

毛泽东《论十大关系》单行本

毛泽东要求吸取苏联的教训，切实减轻农民的负担。他说："苏联的办法把农民挖得很苦。他们采取所谓义务交售制等项办法，把农民生产的东西拿走太多，给的代价又极低。他们这样来积累资金，使农民的生产积极性受到极大的损害。你要母鸡多生蛋，又不给它米吃，又要马儿跑得好，又要马儿不吃草。世界上哪有这样的道理！"

此外，为了保护农民利益，毛泽东还提出改善农村的医疗卫生条件，提高农民的科学文化素质等主张，并采取各种措施落到实处。这让广大农民切身感受到了党的温暖，在任何困难的情况下都坚定地跟党走。

走过风雨60多年，今天中国农村的面貌已经发生巨大的变化。一个13亿人口的大国，实现了粮食自给率高达95%，以不足世界10%的耕地养活了占世界22%的人口。从温饱不足到丰衣足食，从自我保障到社会保障，从"面朝黄土背朝天"到参与工业化进程……中国共产党人领导中国人民创造了历史的奇迹。党的"十八大"仍然把解决好农业、农村、农民问题作为全党工作重中之重，提出推动城乡发展一体化的重大决策。亿万农民富裕安康的梦想正逐步成为现实。

尽管有过一些失误，但是历史和人民不会忘记，毛泽东为解决"三农"问题而进行的不懈探索和取得的伟大成就！

第五章

工业腾飞

这是一场没有硝烟的战争。

由蒸汽机的发明使用所引发的工业革命深刻地改变了世界格局。在这场竞争中落伍的中国遭受了近代的百年屈辱。工业化——这场没有硝烟的战争却决定了近代以来中国所有有硝烟的战争之成败。"落后就要挨打"从此烙在了每一个中国人的心中,成为挥之不去的伤痛。

正因为如此,1944年5月22日,毛泽东在延安举行的中央办公厅招待会上正式提出了"我们共产党是要努力于中国的工业化"的口号。他说:"中国落后的原因,主要是没有新式工业。日本帝国主义为什么敢这样地欺辱中国,就是因为中国没有强大的工业,它欺负我们的落后。要打倒日本帝国主义,必须有工业;要中国的民族独立有巩固的保障,就必须工业化。"因此,总结世界历史的经验,毛泽东深知工业才是"最有发展前途、最富于生命力、足以引起一切变化的力量",才是"决定社会变化的"力量,所以"由农业基础到工业基础,正是我们革命的任务"。

在此后党的"七大"上,毛泽东又指出:"没有独立、自由、民主和统一,不可能建设真正大规模的工业。没有工业,便没有巩固的国防,便没有人民的福利,便没有国家的富强。"进一步阐明了工业化与国家独立富强的关系。

然而,在当时日本帝国主义的侵略下,在此后国民党反动派的内战独裁反动统治下,中国要想实现工业化简直毫无希望。只有当时间的车轮走到了1949年,新中国的曙光出现在了地平线上时,中国工业化的百年梦想才第一次具备了真实的可能性。

1949年3月在西柏坡召开的著名的中共七届二中全会上,面对此时即将全国解放的新形势,毛泽东向全党发出号召:要在革命胜利后,建立独立完整的工业体系,使中国稳步地由农业国转变为工业国,把中国建设成一个伟大的社会主义国家。

工业化,从此成为了新中国的国家战略和基本国策。

当年的工业化宣传画

1949年,新中国的成立虽然为中国工业化创造了最基本最关键的前提,但是年轻的新中国此时所面对的是一个饱受战争破坏的千疮百孔的烂摊子，困难的建设历程还只是刚刚开始。对于我们今天看惯了高楼大厦和车水马龙的人们来说，旧中国的破败是难以想象的。当时的中国，现代工业不到国民经济的10%，占全国经济90%的仍然是落后的个体农业和手工业，几乎没有任何像样的工业生产能力。对此，在1954年6月召开的一次政府委员会议上，毛泽东曾非常焦虑地说过："我们现在能造什么？能造桌子椅子，能造茶碗茶壶，能种粮食，还能磨成面粉，还能造纸，但是，一辆汽车、一架飞机、一辆坦克、一辆拖拉机都不能造。"

确实，这种情况对于一个大国，对于一个大国的领袖和人民来说，情何以堪。

然而，糟糕的情形还不仅如此。这里还有一个数据：1949年，全国的钢产量是多少？15.8万吨。这意味着什么？意味着，就是把这些钢铁全拿来，造像我们今天普通的万吨货轮，连三艘轮船都建造不了，更别说再去修筑铁路、生产汽车了。此外，还有一个我们不得不重视的情况，那就是当年我们干部队伍的整体文化水平也很低。截止到1952年，在全国10.9万余名科级以上干部中，具有高中以上文化的只有3.3余名，不到总数的1/3。在普通干部中，这一比例就更低了。这些干部大多数长期在农村工作，对刚刚开始的城市工业建设十分陌生，没有经验。

可见，当年中国发展工业的基础是如此之薄弱，要想在这种情况下建设社会主义工业化的强国谈何容易？对此，毛泽东是倍感忧虑，苦苦思索。

1949年底到1950年初的三个月，是毛泽东一生中一个特殊的时期。在这三个月里，毛泽东对苏联进行了访问，这也是他第一次踏出国门。在访问期间，毛泽东对苏联的工业建设表现出了极大的兴趣。据当年随同毛泽东访苏的卫士李家骥回忆说：当年毛泽东每下车访问一个城市，就去参观工厂，看得那么认真，那么仔细，那么兴奋，不断地向工厂负责人询问工厂的情况，一面询问，一面思索。毛泽东当时具体询问和思索了什么，我们今天不得而知，但可以肯定的是，毛泽东从苏联工业建设中受到了鼓舞，也找到了经验。在结束访问回国后，毛泽东在沈阳召开了东北局高干会议，讲了他的访苏观感，他说："他们现在的工厂有很大规模，我们看这些工厂，好像小孩子看到了大人一样……他们的历史鼓励了我们……第一个社会主义国家发展的历史，就给我们提供了最好的经验，我们可以用他们的经验。"建立一个以大工业为基础的新中国，这是毛泽东一直以来为之奋斗的目标。而从苏联的建设历史中，毛泽东看到了中国的将来和希望。他完全有理由相信，苏联的今天，就是我们的明天。

就在毛泽东雄心勃勃，准备"以苏为师"建设中国工业化的时候，1950年6月，朝鲜战争爆发了，新中国的国家安全受到严重威胁。严峻的国际形势，使一向非常重视中国主权独立和领土完整的毛泽东更加迫切地希望建立起比较独立完整的、门类齐全的工业体系，其中重工业和国防工业则是重中之重。1951年底，毛泽东提出，完成工业化，虽然必须发展农业，必须建设一切必要的轻工业，但是首要的并能带动轻工业和农业向前发展的是建设重工业和国防工业。在这种特殊的历史条件下，毛泽东以重工业为中心进行工业化建设的主张为全党所接受，成为过渡时期党的总路线的主要内容。

在当年经毛泽东反复审阅修改的《为动员一切力量把我国建设成为一个伟大的社会主义国家而斗争——关于党在过渡时期总路线的学习和宣传提纲》中，我们可以清楚地读到共和国的领袖们当时的思索和心情——"提纲"写道："根据苏联的经验，要想在较短时间内由农业国变为工业国，工业化就应以发展重工业为中心，从建立重工业开始。资本主义国家从发展轻工业开始，一般是花了50年到100年的时间才能实现工业化，而苏联采用了从重工业建设开始，在十多年中（从1921年开始到1932年第一个五年计划完成）就实现了国家的工业化。我国也只有建立了重工业，才能使全部工业、运输业以及农业获得为发展和改造所必

1953年下发的《为动员一切力量把我国建设成为一个伟大的社会主义国家而斗争——关于党在过渡时期总路线的学习和宣传提纲》。

需的装备,才能自己制造火车头、钢轨、货客运汽车、远洋轮船和飞机;才能自己制造轻工业的精密机器,扩大和建立新的轻工业;才能生产农业机器和化肥,改造古老的农业;才能建立现代国防工业,不再受帝国主义的欺辱。"

众所周知,任何国家的发展都受着它所处的历史环境的影响和制约。新中国成立初期的国内外历史条件,也决定着中国工业化的道路和方向的选择。在当时世界上,以美国为首的西方国家对我们进行孤立、封锁,严重威胁新中国的国家安全。只有苏联愿意并且能够提供我国工业化建设所急需的援助。因此,只有抓住这一机遇,学习苏联经验,争取苏联援助,采取优先发展重工业的方针,尽快地建立起以重工业为基础的国家工业体系,才能尽快地摆脱中国贫弱的面貌,才能建立起足以保卫国家安全的军事工业基础。所以,毛泽东"以苏为师"的工业发展方针,采取优先发展重工业,尽快地建立起以重工业为基础的国家工业体系,是当时非常必要又唯一可行的办法,无疑是明智的。

1952年，中钢冶铁工厂的三节化铁炉在日夜出铁，制造治淮河水闸的各种机件

1951年2月，尽管朝鲜战场依然是炮火连天，但在当月召开的中央政治局扩大会议上，毛泽东已经开始具体部署国家经济建设的方针大计了，他在这次会议上提出"三年恢复，十年计划经济建设"，此后不久，中央成立了"一五"计划编制小组，由周恩来、陈云、薄一波、李富春、聂荣臻、宋劭文组成领导小组，正式拉开了新中国有计划地经济建设工作大幕。

从1953年开始的新中国的第一个五年计划的基本任务是在苏联的帮助下，集中力量完成以苏联援助的156个重点项目为中心的、由限额以上的694个大中型建设项目组成的工业建设，建立起我国社会主义工业化的初步基础；同时发展农业、手工业，建立对农业、手工业、资本主义工商业的社会主义改造的基础。尤其对新中国的工业化建设，毛泽东的心情是非常紧迫的。他在1956年1月中共中央召开的知识分子问题会议上指出："我们的工作要加紧一点。现在我们的主动一天一天地多起来，农业改造方面主动更多了，资本主义工商业改造方面主动也更多了。但是，在知识分子问题上没有主动，在工业方面没有主动。大多数重要装备要从外国进口,精密的仪器不能造,大的机器不能造,这上头我们没有主动。经济上没有独立,科学上没有独立。"并且提出现在"是革技术的命,叫技术革命,叫文化革命,要搞科学,要革愚蠢同无知的命"。为此,他还要求在比较短的时期内,造就大批的高级知识分子,同时要有更多的普通的知识分子。同年1月25日,毛泽东在最高国务会议第六次会议上的讲话中,更鲜明地提出,我们要大发展,"要在几十年内,努力改变我国在经济上和科学文化上的落后状况,迅速达到世界上的先进水平"。

当时的这样一个国民经济计划,国家投资大约766.4亿人民币,相当于7亿多两黄金,这在中国建设史上是空前的,它所取得的成就也是空前的。

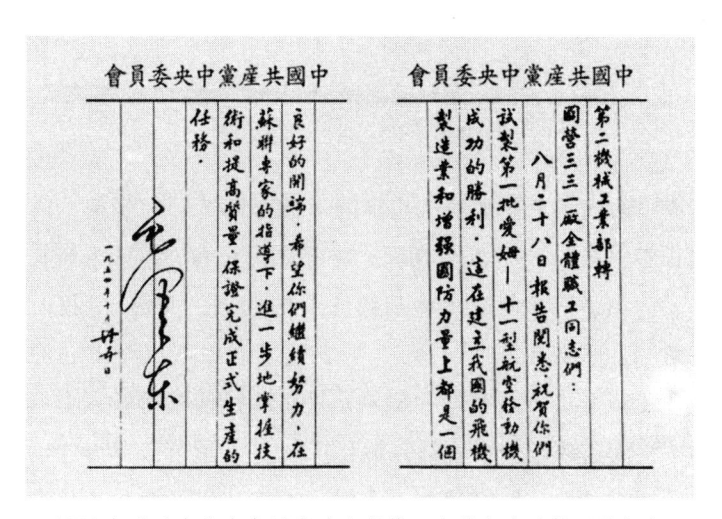

1954年毛泽东给为中国成功试制第一台航空发动机写的贺电

新中国成立之初,共和国没有自己的航空工业,1951年中央提出航空工业争取在3~5年内从修飞机起步,逐步过渡到仿制苏联教练机和歼击机,"一五"计划要保证6个大厂的建设。1954年7月,南昌飞机制造厂仿照苏联雅克-18飞机,制造出我国第一架军用教练飞机初教-5。消息传到北京,毛泽东马上致信祝贺,鼓励全体职工继续努力。在第一架飞机试制成功后,沈阳和南昌飞机制造厂又研制生产出喷气式歼击机和运输机,实现了航空工业从修理到制造并走向自行设计的转变,成为当时世界上少数几个能够成批生产喷气式飞机的国家之一,对我国的航空运输业以及巩固和保卫国防事业发挥了重要作用。

毛泽东为"一汽"奠基题词

我国的汽车工业则是从长春第一汽车制造厂起步的,后来简称"长春一汽"。"一五"期间,毛泽东为长春一汽开工典礼挥毫写下了"第一汽车制造厂奠基纪念"的题词,并说:"我们不仅要有第一,还要有第二、第三。"表达了对中国汽车工业的殷切期望。1956年7月,当第一辆汽车驶下生产线的时候,全厂职工站在中央大道的两侧拿着鲜花挥舞庆祝,毛泽东亲自为这辆汽车命名为"解放"。当12辆报捷车驶入长春市区的时候,长春沸腾了。成千上万的人站在道路两旁,争先恐后地观看国产汽车的风采。当时坐在报捷车队里的长春一汽工程师代表们被眼前热烈的场面所感染,他们留下了这么一副对联,"举国翘盼尽早建成汽车厂,万人空巷人民争看解放牌"。第一辆解放牌汽车的诞生结束了中国人不能制造汽车的历史,极大地鼓舞了全国人民。

还有一种在今天看来普通得不能再普通的药剂——青霉素,可是曾几何时,在新中国成立前因为长期依赖进口,青霉素确是重金难买，一药难求。1954年"一五"期间开工建设的华北医药建成投产后，基本上满足了国内对青霉素的需求，从根本上改变了青霉素主要依赖进口的局面。

在那一段充满希望和理想的岁月里，各行各业，各个领域，人们创造了一个又一个奇迹。在全国人民的共同努力下，"一五"计划于1957年提前完成，这一年，全国工业总产值达到783.9亿元，比1952年增长128.3%，平均每年增长18%。在"一五"计划实施过程中，施工的工业建设项目1万多个，其中595个大中型项目全部建成投产，一大批旧中国没有的基础工业部门，开始一个个建立起来，新中国第一次建立起了我国自己的飞机和汽车制造业、发电设备制造业、冶金和矿山设备制造业、金属冶炼业等。

正是这些"一五"计划的骨干项目为搭建起独立完整的民族工业体系，实现新中国工业化奠定了坚固的基础。

可以毫不夸张地说，"一五"期间工业建设所取得的成就，远远超过了旧中国的100年。

我国自行研制的万吨水压机

"一五"计划的成就是辉煌的,但毛泽东并不满足于此,他思考得更深更远。在"一五"计划成绩的背后,他敏锐地注意到其中所暴露的一些问题,即苏联经验和中国实际情况不相适应,某些地区产生了片面发展重工业的倾向,中央计划编制统得过多过死等问题。对此,毛泽东心情不舒畅,他意识到,在中国实现工业化,照搬苏联经验显然是不行的,还需要以苏为鉴,从中国国情出发来探索自己国家的工业发展规律,中国需要走自己的路。

"没有调查,就没有发言权",这是毛泽东的一句名言,为了探索中国自己的工业化道路,毛泽东决定进行一次系统而周密的调查研究。从1956年2月14日到4月24日的两个多月里,毛泽东完成了他的调查研究,在中南海的颐年堂,他用了整整43个日日夜夜,连续听取了国务院34个部门的工作汇报,还听取了国家计划委员会关于第二个五年计划的汇报。在那段日子里,用他自己的话说,几乎每天都是"床上地下,地下床上",每天一起床就是听汇报,一听就是几个小时。在紧张疲劳的状态下,毛泽东度过了这难得又十分重要的43个日日夜夜。在此期间,周恩来除个别时候因事请假外,几乎每次都来。刘少奇、陈云、邓小平有时也来参加。各部事先把汇报写成书面材料送给毛泽东。毛泽东听口头汇报时,不断插话,提出问题,发表意见,进行评论。从毛泽东发表的意见和评论中,可以看出此后的《论十大关系》形成的思想轨迹,可以看出他对社会主义建设问题的一些思考和见解。为了听汇报,毛泽东还不得不改变长期养成的夜间工作的习惯。就在毛泽东紧张地听取汇报的时候,正在召开的苏共"二十大"也暴露了苏联在建设社会主义过程中的一些缺点和错误。对于苏联所暴露出来的问题,毛泽东及时提醒全党:"他们走过的弯路,你还想走?过去我们就是鉴于他们的经验教训,少走了一些弯路,现在当然更要引以为戒。"他明确提出了要以苏为鉴,走符合本国国情的工业化道路。

1956年4月25日,毛泽东主持召开了中央政治局扩大会议,在这次会议上,他发表了著名的《论十大关系》的讲话。这个讲话集中体现了毛泽东在新中国成立初期领导中国工业化建设过程中的思考和探索,讲话中毛泽东把正确处理重工业和轻工业、农业的关系放在了十大关系的首位,尤其是针对苏联片面发展重工业、忽视农业和轻工业发展的前车之鉴,毛泽东提出要在坚持优先发展重工业的同时,"还要适当地调整重工业和农业、轻工业的投资比例,更多地发展农业、轻工业"。在这篇讲话里,毛泽东用他那特有的幽默而又充满辩证法的语言生动地描述说:"你对发展重工业究竟是真想还是假想,想得厉害一点,还是差一点?你如果是假想,或者想得差一点,那就打击农业、轻工业,对它们少投点资。你如果是真想,或者想得厉害,那你就要注重农业、轻工业,使粮食和轻工业原料更多些,积累更多些。"

《论十大关系》的发表,标志着毛泽东开始提出我们自己的建设路线,而其中关于工业化建设的论述则成为中国特色工业化道路的开端。毛泽东自己后来说:"十大关系的基本观点,就是同苏联作比较。除了苏联办法之外,是否可以找到别的办法,比苏联、东欧各国搞得更快更好。"19年后,邓小平对《论十大关系》作过这样的评价:"这篇东西太重要了,对当前和以后,都有很大的针对性和理论指导意义。"

毛泽东的探索并没有由此止步。1957年2月,毛泽东《关于正确处理人民内部矛盾的问题》的讲话,将这一探索又往前大为推进了一步。在讲话中,毛泽东对中国工业化道路问题做了第一次明确的阐述,他说:"这里所讲的工业化道路问题,主要是指重工业、轻工业和农业的发展关系问题。我国的经济建设是以重工业为中心,这一点必须肯定。但是同时必须充分注意发展农业和轻工业","发展工业必须和发展农业同时并举,工业才有原料和市场……农业和轻工业发展了,重工业有了市场,有了资金,有了原料，它就会更快地发展。"按照这一思路，他提出了国民经济发展中的农业、轻工业、重工业顺序，此后，毛泽东进一步将农业、轻工业、重工业关系概括为"以农业为基础，以工业为主导"发展国民经济的总方针。不久，毛泽东又明确提出"自力更生为主，争取外援为辅"的工业发展方针，并说："这就是我们的路线。"

可以说，通过准确定位国情，科学分析农业、轻工业、重工业之间的关系，毛泽东从指导思想上正确地揭示了我国重工业和农业、轻工业之间本质的内在的联系，通过对重工业、农业和轻工业发展次序的合理安排，突破了苏联片面发展重工业的工业化模式，解决了苏联所没有解决好的发展重工业与发展农业、轻工业的关系问题，走出了一条符合中国国情的社会主义工业化的正确道路。

1959年，上海机床厂一位工人正在装配自己设计的自动化车床

领导中国的工业化建设，毛泽东的眼界是开阔的。他提出一切国家的好经验我们都要学，不管是社会主义国家的，还是资本主义国家的。在1958年，毛泽东明确提出"自力更生为主，争取外援为辅，破除迷信，独立自主地干工业、干农业、干技术革

命和文化革命,打倒奴隶思想,埋葬教条主义,认真学习外国的好经验,也一定研究外国的坏经验——引以为戒,这就是我们的路线。"

在领导中国工业化建设中,毛泽东胸怀也是宽广的。毛泽东追求的绝不仅仅是工业经济的单纯增长,而是有着更丰富的内涵。1957年,同样是在《关于正确处理人民内部矛盾的问题》的讲话中,毛泽东提出要将我国建设成为一个具有现代工业、现代农业和现代科学文化的社会主义国家。用我们今天的话说,就是要实现中国经济各产业的协调发展,实现全社会科学文化水平的全面进步。进入1960年代,在总结"大跃进"的经验教训时,毛泽东发表了读苏联《政治经济学教科书》的谈话,他反复强调国民经济发展要搞综合平衡,不能畸轻畸重,并且明确提出:"建设社会主义,原来要求是工业现代化,农业现代化,科学文化现代化,现在要加上国防现代化。"这是毛泽东第一次完整地表述了我们目前所说的四个现代化的思想。此后,在毛泽东、周恩来等党的领导人的讲话和党的文献中,用不同的语言和方式,把实现中国工业化的目标,有机地扩展为探索实现四个现代化的战略目标体系。至此,这是新中国国家发展战略的又一次质的飞跃。同时,毛泽东还首次提出了社会主义也分不同阶段的观点,指出:"社会主义这个阶段,又可能分为两个阶段,第一个阶段是不发达的社会主义,第二个阶段是比较发达的社会主义。后一阶段可能比前一阶段需要更长的时间。"

根据毛泽东的提议,1963年9月召开的中央工作会议第一次提出了中国现代化分"两步走"的战略部署:第一步,建立一个独立的、比较完整的工业体系和国民经济体系,使我国工业大体接近世界先进水平;第二步,使我国工业走在世界前列,全面实现农业、工业、国防和科学技术现代化。在次年的全国人大三届一次会议上,周恩来代表中国政府正式庄严宣告了实现四个现代化的总体目标和"两步走"战略部署。

从此，实现四个现代化成为几代中国人为之梦想为之奋斗的目标，而"两步走"的战略也为邓小平后来提出"三步走"的战略步骤奠定了基础。

当年的宣传画，号召青年人为工业化而努力

"我们要和时间赛跑，走上工业化的光明大道……"这是一句当年传唱很广的歌曲里的歌词。在那个火热的年代里，以毛泽东为核心的党中央带领全国人民在实现中国工业化的道路上筚路蓝缕，披荆斩棘，不仅在一穷二白的神州大地上建立起了门类齐全、产品丰富的独立完整的工业体系，也实现了较高的发展速度。一位外国学者（耶鲁大学莫里斯教授）曾这样评价说："毛泽东的那个时代远非是现在普遍传闻中所谓的经济停滞时代，而是世界历史上最伟大的现代化时代之一。"

毛泽东的时代虽然已经远去，但毛泽东留下的工业化珍贵财富将一直伴随着共和国走向富强，走向伟大复兴。

第六章

钢铁长城

1949年10月1日下午，中国人民解放军的受阅方队走过天安门广场，接受毛泽东等党和国家领导人的检阅。在阅兵方队里，可以看到日本造的九零野炮、美国司多白克摩托厂生产的各种牵引车辆；而受阅战士手中握的，也是美制汤姆斯冲锋枪。这些武器，绝大部分都是解放军战士在战场上从敌人手里缴获来的。一支人数高达数百万的庞大军队，竟然主要使用从敌人那里缴获的武器来装备，这在世界战争史上，堪称奇迹。但是，在这具有历史意义的开国大阅兵上，竟然觅不到我们自己国产武器装备的踪影，无论如何都是一个遗憾。

新中国的成立，为全面打造一支现代化人民军队提供了必要的历史条件，毛泽东和中共中央高瞻远瞩，明确提出人民军队在新时期的主要历史任务是迅速完成正规化和现代化建设。要建立强大的海军和空军，要建立一支合成化的多兵种现代陆军，还要实行统一的指挥、编制与训练。而要完成上述任务，必须先着手改变我军在武器装备领域的落后状态。当然，即使有了先进的新武器，也还要进一步学习掌握使用这些新武器的新战术和新技

1949年10月1日开国大典阅兵式

术。可是众所周知,新中国成立初期,我们的工业基础就是一穷二白,技术人才更是奇缺,财政经济非常困难。在这样的历史条件下,连装备难以筹措的问题都很难解决,技术与战术的改进自然也无从谈起,人民军队的现代化建设,在当时只能用"举步维艰"四字来形容。

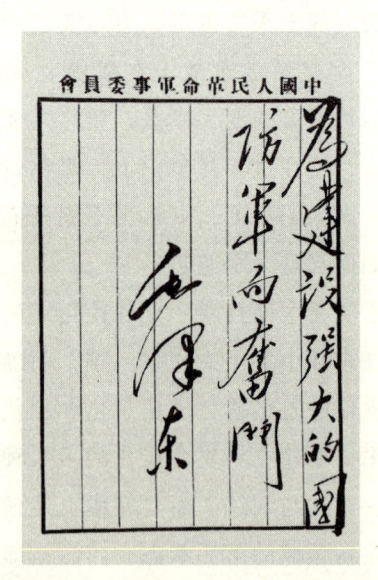

毛泽东题词"为建设强大的国防军而奋斗"

第六章
钢铁长城

但是机遇很快就以危机的形式出现了,朝鲜战争爆发,美军大举入侵朝鲜半岛,新中国的国家安全受到了严重威胁。中共中央连续召开紧急会议,讨论朝鲜局势。几经审时度势后,毛泽东毅然决然做出了出兵朝鲜的决定。

经过反复讨论斟酌,毛泽东和中共中央最后做出了出兵朝鲜的决定。图为1950年10月19日,中国人民志愿军跨过鸭绿江,赴朝作战

三年后,美国将军克拉克在板门店停战协议上签字时,颇为伤感的自嘲说:我是第一个在没有取得胜利的停战协议上签字的美国将军。而克拉克的对手、挂帅出征朝鲜的彭德怀则这样评价抗美援朝战争:抗美援朝使"我军开始了从分散走向集中统一,从简单的兵种走向综合的兵种,从落后的装备改变为比较现代的装备,特别是在与世界头号帝国主义军队的作战中,使我军获得新的作战经验"。这个评价是符合历史事实的。

在抗美援朝战争中,苏联援助了我们60个师的苏式现代武器,其中约4个师的装备我们转让给了朝鲜,其余装备提供给56个师的志愿军和国内部队,这些部队很快就完成了大换装。换装后,我军武器装备的现代化水平获得了全面提升,首先是陆军部队的组成结构发生了根本性的变化,拥有了强大的装甲兵和炮兵部队,进攻力量和火力支援力量实现了跨越式发展。空军也通过

志愿军使用的坦克

引进和接受苏联装备迅速发展成为一支拥有各型飞机 3000 余架的强大空中打击力量,连美国空军参谋长范登堡也大声惊呼"中国在一夜之间变成了空军强国"。此外,中国的各大兵工企业也利用苏联提供的技术蓝图成功地仿制了第一批国产现代武器装备,新中国的国防工业开始初具规模。当然,中国人民志愿军也在朝鲜战场上,为保卫国家安全和维护世界和平,付出了高昂的代价。但是我军毕竟拥有了足够数量的新式现代武器,广大指战员也在与世界头号强国军队的较量中,积累了丰富的现代战争经验。

抗美援朝胜利后,毛泽东欣慰地指出:"我们中国人民志愿军的陆军、空军、步兵、炮兵、工兵、坦克兵、铁道兵、防空兵、通信兵,还有卫生部队、后勤部队等等,取得了对美国侵略军队实际作战的经验。这一次我们摸了美国军队的底。对美国军队,如果不接触它,就会怕它。我们跟它打了三十三个月,把它的底摸熟了。美帝国主义并不可怕,就是那么一回事。我们取得了这一条经验,这是一条了不起的经验。"这是对抗美援朝伟大胜利最好的历史评价。

1953年12月7日至1954年1月26日，全国军事系统党的高级干部会议在中南海居仁堂举行。与会领导根据毛泽东的统一部署，以党在过渡时期的总路线和总任务为指针，对此后的建军工作做出了全面、系统的规划。

就在这次会议上，毛泽东明确提出：朝鲜停战了，我们可以腾出手来准备解决台湾问题了。

台湾问题本属中国内政，但是，由于美国因素的影响，已经成为复杂国际国内斗争的焦点，受到了中美苏"大三角关系"的制约。当时，我们最大的困难是海军和两栖作战部队的整体实力弱于美国的台海驻军。因此，解决台湾问题，首先要建立起强大的海军。根据毛泽东关于要准备解放台湾的部署，新中国的军事斗争重心迅速转到了东南沿海，海军建设也得到了应有的重视。1953年12月4日，毛泽东在中央政治局会议上就海军建设问题发表了重要指示："为了肃清海匪的骚扰，保障海道运输的安全；为了准备力量于适当时机收复台湾，最后统一全部国土；为了准备力量反对帝国主义从海上来的向我国的侵略，我国必须一个长时期内根据工业建设发展的情况和财政的情况，有计划地逐步地建设一支强大的海军。"这一重要论断后来成为了人民海军的建设总方针。

其实，早在1949年8月28日，毛泽东就在接见张爱萍、林遵等海军领导时，对海军工作作了全面而周详的部署。

1950年1月12日，毛泽东签署命令，委任萧劲光为海军司令员，并抽调四野第十二兵团部分机关人员和四野后勤机构的一部分干部来北京，共同筹建海军领导机构。海军刚成立时，总兵力为3.8万人，拥有各类老旧舰艇92艘。当时，全国大陆已基本解放，军事斗争的主要任务转为海岛作战和沿海反封锁作战，海军的作用和地位愈发显得重要了。1950年8月，海军领导机关在北京召开了专门会议，研究今后的建军方针，在综合参考苏联海军建设经验和我海军一年多建设实践所积累经验的基础上，会议最后确定了"建设一支现代化的、富有攻防能力的、近海的、轻型的海上战斗力量"的目标,决心在现有力量的基础上发展鱼雷艇、潜艇和海军航空兵等新式作战力量。同年 10 月,毛泽东又致电斯大林,请求苏联方面帮助解决建设海军所需的技术指导和装备问题。最后经过双方协商,苏联在派遣一部分海军军官充任我海军技术顾问的同时,提供必需的舰艇、潜艇和其他海军器材。

朝鲜战争结束后,在空军和陆军合成化建设取得重大成就的同时,新中国海军的建设也取得了巨大进步。到 1954 年,已经先后组建了水面舰艇部队、护卫舰部队、鱼雷艇部队、驱逐舰部队、潜艇部队和海军航空兵部队、海军陆战队等海上作战力量,还建立了完善的海军工程、技术、后勤保障体系,一支强大的新中国海军,已经初具规模。

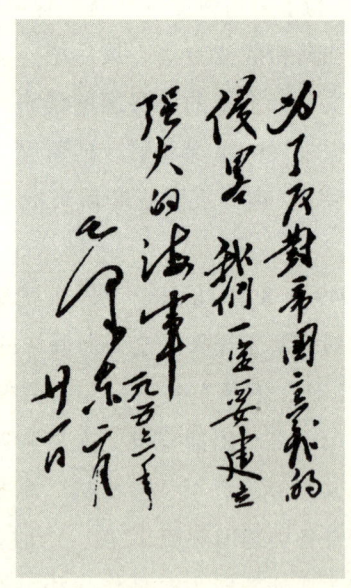

1953 年 2 月 21 日,毛泽东为中国人民解放军海军的题词

朝鲜战争刚爆发,美国派遣第七舰队进入台湾海峡巡弋,在美国的支持下,国民党军利用其占据的一些沿海岛屿,不断派遣

小股武装和特工分子窜扰大陆,沿海地区的居民生产和生活受到严重威胁。完成抗美援朝作战取得伟大胜利后,在几经考量、反复斟酌、充分分析各种有利与不利因素后,毛泽东决定通过军事行动解决东南沿海的问题,以"肃清海匪的骚扰,保障海道运输的安全"。他在中南海的高级别军队干部会议上指出:"形势变了,准备打大陈,先解决浙江沿海岛屿,估计美帝不会有大的干涉。你们就准备吧!"

1954年8月,为攻克一江山岛,中央军委批准成立了浙东前线指挥部,归军委直接指挥,由张爱萍担任前线指挥部司令员兼政委,一场三军联合作战的序幕,悄无声息地拉开了。

但是,就在战斗即将打响的前夕,出现了意料之外的情况。12月11日,毛泽东电示前线指挥员:"因美军正在浙东海面作大演习,攻击一江山时机目前是否适宜,请加考虑。"又据气象专家说,实行登陆作战必须具备一定的气象条件,就一江山岛作战而言,必须"风力不大于5级,浪高不大于4级,风速、云量和云高均要适于炮兵、舰艇和航空执行战斗任务的天气"。经询问气象站,得到的答复是:"浙东沿海的冬季,几乎没有符合上述条件的好天气!"

张爱萍指示:"几乎没有,不等于绝对没有。再给我找!"

苍天不负苦心人。气象站在反复预测后报告前指:17、18、19日风、浪、潮汐适宜海军作战(18日最好、19日后可能开始转坏)。为此,必须于17日前完成一切作战准备。

1955年1月13日,浙东前线指挥部还是向总参谋部、华东军区发出了如下报告:"进攻一江山岛的各项准备工作已接近完成,征集船只大部队到齐,栎新机场扩建工程已告竣工,战勤物资均已齐备,登陆部队组织整顿、编队航行和步兵的登陆突破、纵深战斗及海、空、炮之间的协同动作,经连日多次演习均有显著进步,部队政治情绪的波动已消除,斗志昂扬。战前准备工作虽尚有某些缺点,但已达到能够实施登陆作战的程度。"

中央军委批准了这一方案,并指示以海、空军轰炸大陈,以陆军攻占一江山岛。根据军委指示,我军先是出动海、空作战力量实施海上和空中作战,夺取了战场制海权和制空权,然后于1955年1月8日发起了一江山岛登陆战,最后以陆海空联合作战的模式一举攻克了一江山岛。这一胜利很快引发了一系列连锁反应:渔山列岛和披山岛上的国民党守军迅即撤出了大陈本岛;2月5日,美国政府也下令第七舰队从大陈岛撤走;2月8日至10日,大陈本岛及南北麂山岛守敌全部撤逃,浙江全境解放。

毛泽东欣慰地说:"一江山岛登陆作战,打得很好!我军首次联合作战是成功的。"

1955年初,中国人民解放军解放浙江沿海一江山岛、大陈岛等,使浙江沿海岛屿全部解放。图为中国人民解放军炮兵向一江山岛炮击

首次联合作战的成功,标志着我海军、空军和陆军合成化建设已经取得显著成就,我军已在正规化、现代化与合成化建设上迈出了历史性的关键一步。这一步的迈出,是毛泽东运筹帷幄的结果,也是全军指战员共同奋斗的结果。此次联合登陆作战的胜利,在取得抗美援朝的伟大胜利后,又一次向中外敌人显示了我

第六章
钢铁长城

我海军舰艇冲向一江山岛

陆海空军的强大战力，发挥了极大的威慑作用，也为新中国外交工作的顺利开局与和平解决台湾问题，开启了大门。就在一江山岛作战后，我国与美国顺利建立了大使级谈判对话机制，外交战线的这一胜利让毛泽东开始以新的思路考虑解决台湾问题的办法。根据他的指示，通过各种途径对国民党发出了"争取用和平的方式解放台湾"的善意，并明确表达了实行第三次国共合作的愿望。此后，新生的人民共和国进入了一个外部环境相对稳定的和平发展时期，军队建设也步入了一个新的历史发展阶段。

1955年4月，毛泽东在中央书记处会议上宣布："中国的战略方针是积极防御，决不先发制人。"与战略方针的调整相适应，国防和军队建设的思路，也在这一时期作了重大调整。

1956年4月28日，政治局扩大会议召开，毛泽东发表《论十大关系》重要讲话，在谈到军队和国防问题时明确指出："国防不可不有。现在，我们有了一定的国防力量。经过抗美援朝和几年的整训，我们的军队加强了，比第二次世界大战前的苏联红军要更强些。装备也有所改进。我们的国防工业正在建立。自从盘古开天辟地以来，我们不晓得造飞机，造汽车，现在开始能造了。我们现在还没有原子弹。但是，过去我们也没有飞机加大炮，我们是用小米加步枪打败的日本帝国主义和蒋介石的。我们现在已经比过去强，以后还要比现在强，不但要有更多的飞机和大炮，而且还要有原子弹。在今天的世界上，我们要不受人家欺负，就不能没有这个东西。怎么办呢？可靠的办法就是把军政费用降到一个适当的比例，增加经济建设费用。只有经济建设发展得更快了，国防建设才能够有更大的进步。"毛泽东在讲话里还特别强调指出："在生产上要注意军民两用，注意学会军用和民用的两套生产技术，要有两套设备，平时为民用生产，一旦有事，就可把民用生产转化为军用生产。"

为了贯彻执行毛泽东提出的军事让路经济、以经济发展加强军事实力的战略指导思想，我们国家裁减了一部分军队，下调了军费在国家财政开支中所占的比例，对军兵种结构和军事院校体系也做出了适当的调整和压缩。

根据中共"八大"做出的决定，要在第一个五年计划期间，把军费在国家财政开支中所占的比重，由32%下调到20%，而到第二个五年计划完成，则要降至13%。在确定了降低国防支出的总方向后，中央军委又在1957年1月召开扩大会议，研究部署裁减军队数量的问题。各总部、各军区和各军兵种的114位负责人与会，总参谋长黄克诚在会上作了《关于裁减和整编军队问题的报告》，彭德怀、谭政、张爱萍也作了发言，会议最后讨论并通过了《关于裁减军队数量加强质量的决定》，决定在现有的383万人的规模上，把军队数量裁减三分之一，即裁军130万，把军队维持在250万人的规模上。会议还做出了调整军兵种结构的决定，决定把原有的陆军、海军、空军、防空军和公安军五个军种，裁并为陆、海、空三大军种。会议还决定重点加强海军和空军建设，加强现代化国防工业建设，加强对新式武器装备的研究。会议同时强调要注意培养干部，为此必须加强军事院校的建设，以全面提升部队干部的军政素质。

经过此次调整，虽然军队的规模小了，人数少了，战斗力却更精干了；军费比例降低了，我军在装备领域与世界发达国家的差距却大幅度缩小了。完成这次精简裁军任务后，全军上下认真贯彻1957年军委扩大会议制定的"逐步提高现代军事技术，学会在新式武器条件下及夜间和复杂条件下诸兵种合同作战，随时准备应付突然事变"的训练方针，培养官兵系统掌握现代战争的技术和战术知识。通过训练，人民解放军广大指战员熟练地掌握了新的武器装备和与之相适应的战术，高级指挥干部则通过院校集训和诸兵种合成战役演习，提高了在现代战争条件下组织和指挥作战的能力。

遵照毛泽东的指示，各省积极开展民兵工作。图为湖南黔阳工人民兵甘良仁苦练刺杀过硬功夫

在毛泽东"军民结合、平战结合"思想的指导下，新中国的国防工业建设，也在这一时期取得了举世公认的巨大进步：到1959年底，新中国终于初步建成了集研究、设计、生产诸环节于

一体的现代化国防工业体系。先后建立了100多家大中型国防工业企业，成立了20多个独立的科研设计研究机构，培养军工技术骨干3万多人，初步建成了拥有70多万职工的以北京、沈阳、太原、西安、成都、重庆、兰州为中心的国防工业生产基地体系。这一国防工业体系不仅能够仿制和生产常规兵器，也可以尝试在仿制的基础上自行设计极端先进武器；不仅可以大量生产各种类型的步枪、机枪和火炮，还可以在仿制的基础上自行研制和生产飞机和舰艇；我国的军用电子技术也在这一时期取得了发展，到1958年，先后建立了10家军用无线电器材生产企业，可以生产和仿制机控雷达、航空导航仪器和敌我识别设备等军用电子器材。

通过贯彻毛泽东"军民结合、平战结合"的建军指导思想，到1960年代初期，我军基本完成了建设一支包括陆、海、空军诸军兵种合成军队的历史任务，并切实具备了在现代条件下进行诸军兵种协同作战的能力，同时还建立了较为完整的现代化国防工业体系，改变了中国国防工业基础薄弱的局面，使人民解放军的武器装备水平在较短时间里得到了迅速提升，大幅度缩小了我军与世界各强国军队在武器装备领域内的差距。上述成就的取得，为我们党在20世纪60年代初周边安全局势骤变时成功应对一系列重大危机，夯实了物质基础。

进入20世纪60年代后，我国的周边安全形势骤然恶化，呈现一种黑云压城城欲摧的险恶局面。

在南疆，美空军和特种部队大举进入越南南部，发动了臭名昭著的"特种战争"；越南，实际上已经成为美国进逼中国大陆的又一块跳板。

在北方，中苏关系破裂，苏联撕毁合同、撤走专家，并在中苏、中蒙边境陈兵百万，虎视中国。

在东南沿海，1962年，台湾高考的作文题目竟然是"反攻前夕告大陆同胞书"，虽然岛内部分有识之士讥讽当局让青年学生硬造反共八股，但是当时的台海局势，确有一种风雨欲来、一触即发之势。

而在雪域高原上的中印边境，两国边防部队也是摩擦不断，印度国内的反华声浪，一浪高过一浪，印度军队则越过边境，公然蚕食我国领土。

面对形势的新变化，中共中央、中央军委召开会议，研究讨论了当时所面临的严峻安全形势，做出了未来的战争威胁可能来自四个方向的判断：一是东南亚方向，这"是和美帝国主义进行长期争夺的地方"。二是朝鲜半岛方向，"无非是美国重新挑起三八线战争"。三是中印边境方向，印度当局可能利用中国面临的困难，对中国发动局部侵略战争。四是台湾海峡方向，台湾当局正在狂妄叫嚣反攻大陆，可能在东南沿海地区搞登陆作战。除上述四个方向外，苏联在北部边疆也可能制造一些麻烦。针对这种危机态势，会议提出了"备战整军"方针，决定全面加强战备工作，斗争的锋芒，首先指向了侵略越南的美帝国主义。

1961年肯尼迪当选美国总统后，美国在继续采取遏制中国的政策的同时，在东南亚推行侵略政策，在越南南方和老挝发动了"特种战争"，对中国南疆的国防安全构成了严重威胁。

1963年6月25日，针对美军战机在南海地区不断侵犯中国领空的情况，中央军委颁发了《沿海地区海、空情况处置守则》，要求对入侵中国领空的美军飞机采取坚决打击的方针。

毛泽东也同时做出重要批示："美机入侵海南岛，应该打，坚决打。海军驻青岛的那个师调去海南岛没有？海军应该调强的部队去，不够就由空军调强的部队去。美机昨天是试探，今天又是试探，真的来挑衅啦！既来，就应该坚决打。海军航空兵和空军应该统一指挥，海军和空军应该很好地配合起来打。"

1965年9月20日，美一架F-104C战机在我海南领空挑衅，我歼-6飞机2架迎战,在39米近距离内开炮,美飞行员史密斯跳伞逃生被俘,连呼:"太可怕了!"

为了把美国的侵略力量牢牢牵制在越南,毛泽东和中共中央决定全力加强对越南的援助。

1965年4月,越南劳动党第一书记黎笋、政府副总理兼国防部长武元甲等领导人,受胡志明主席委托,率党政军代表团访问中国,要求中国扩大援助规模并向越南派出支援部队。

4月22日,中国全国人民代表大会常务委员会以六亿五千万中国人民的名义向全世界郑重宣告:"中国继续尽自己的一切可能,坚决地、无保留地支援正在进行抗美爱国正义斗争的越南人民。"

对于援越工作,毛泽东明确指示:"越南南方凡是提出需要,我们有可能办到,就一定满足。"

1975年,越南南方全部解放,抗美战争赢得彻底胜利。此前,越南党和国家的缔造者胡志明主席高度评价中国对越南的无私援助:"恩深、义重、情长。友谊之光,万世辉煌。"

在东南方向成功遏制美国侵略的同时,在毛泽东和中央军委的统一部署指挥下,中国军队在西南方向也采取果断行动,一举粉碎了来犯的印度军队。

1962年10月8日,印度军队发起代号"里窝拿行动"的越境作战,悍然大规模入侵中国领土。在毛泽东的部署与指挥下,我西藏、新疆边防军奋起反击。这是一场速战速决的规模较大而现代化水平较低的边界局部战争。战争历时一个月,以中国全面击退印军进攻并主动停火撤军而告结束。当时中国的战略环境十分险恶,居然也敢打,令世界各国的军事家都击节赞叹。法国和以色列等国家的媒体都由衷地赞叹:"内行人的战争!""潇洒至极的战争!"

是役,我军俘虏印军第七旅旅长达维尔准将及以下7000多人。

中方送还印度伤兵

南方局势大体稳定下来后,北部边疆又出现了前所未有的紧张局势。

中苏关系破裂后,苏联继承沙皇俄国的大国沙文主义,明目张胆地向中国发出了挑衅,苏联政府公开发表声明,声称:沙皇专制政府虽然崩溃了,但俄罗斯国家的边界不应该毁灭,沙皇政府从未同中国政府签订过任何不平等条约;"柳条边"和长城是中国"北部疆界的标志",中国西部边界"没有超出甘肃省和四川省"。

苏联政府错误地认为,只要在中苏边境打几仗就可以威慑中国政府,接受它的领土要求,但是,中国没有屈服。在1969年3月2日、15日、17日的珍宝岛战斗中,双方边防部队互有伤亡,两党、两国的关系降到了冰点以下。在此情况下,苏联政府不得不改变策略。从1969年3月21日晚开始,苏联方面几次向中国表示想和毛泽东直接通话。苏联驻华临时代办也几次找中国外交部,声称"奉苏联部长会议主席命,有话要转达"。毛泽东对此的回答是指示前线部队:"加强我方兵力、火力部署,以逸待劳,准备后发制人。"

9月上旬,苏联部长会议主席柯西金利用赴越南参加吊唁胡志明之机,向同时前去吊唁的中国党政代表团提出,要在回国途经北京时同中国总理举行会谈。中国方面答应了这一要求,随后通过周恩来总理与柯西金的交涉,珍宝岛事件的风波终于平息下来,没有酿成核大战。

在珍宝岛被中国军队击毁的苏军坦克

1960年代初期,在毛泽东领导下,我们国家针对四面受敌的不利态势,进行了全面战备,发起了中印作战、援越抗美,还和苏联在珍宝岛爆发了军事冲突。所有这些军事斗争都取得了辉煌胜利,这是毛泽东那一代领导人为新中国的长治久安做出的历史性贡献。在毛泽东的领导下,我们通过一系列军事和外交斗争,有效地消除了战争隐患,维护了国家安全。而且,就在这一时期,我们的国防尖端武器的研制工作也取得了重大进展,原子弹、氢弹相继试爆成功,核潜艇、中近程导弹、中程导弹、中远程导弹、洲际导弹也相继完成试验,打破了帝国主义和霸权主义的核威胁、核讹诈,大大提高了中国的国际地位,增强了我们的综合国力。

2009年国庆阅兵典礼

新中国成立后,毛泽东带领全党、全军和全国人民,为建立强大的国防进行了整整27年的艰苦奋斗,面对复杂多变的国际环境,为了维护国家安全和民族尊严,建立起足以抵抗侵略的强大国防,毛泽东派遣志愿军入朝作战,与朝鲜人民军一道,进行一场反侵略的正义战争。朝鲜战争结束后,我国出现了一个相对稳定的社会环境,开始了第一个五年计划。根据形势的变化,毛泽东进一步提出要在大力发展国民经济、增强国家经济实力的基础上,建立完整的国防工业体系,发展现代化的军事技术装备,建设独立自主的强大国防。在他的领导下,我们创造了"两弹一星"的光辉业绩,挫败了分别以美苏两个超级大国为代表的世界强权政治势力的一系列侵略图谋,并形成了以中国国家利益至上为核心理念的有中国特色的毛泽东国防思想理论体系,这是毛泽东留给今人的又一笔思想财富。

今日辉煌从昨日艰难中走来,虽然几经风雨,虽然一路坎坷,但在毛泽东的领导下,中国共产党和中国人民战胜种种看似难以战胜的困难,在国防与军队建设领域取得了一个又一个令全世界瞩目的辉煌成就,终于迎来了21世纪科技强军的曙光。

第七章

两弹一星

1955年1月15日，一块神秘的石头摆在了中南海丰泽园中共中央书记处扩大会议的桌子上——这是一块铀矿石，是制造原子弹的原料。这块石头引起了参加这次会议的毛泽东、刘少奇、周恩来等党和国家领导人的极大兴趣，他们不断地向参会的两位科学家钱三强和李四光请教询问。毛泽东说这是一个小学生向老师讨教的会议，他们仔细听取了两位科学家对铀矿石和原子能的介绍，会议从下午3点多一直开到晚上7点多，气氛时而轻松，时而凝重。在当天会议结束后的晚宴上，一向不喝酒的毛泽东破例举起了酒杯，他此时显得很兴奋，因为在刚刚结束的这次会议上，他拍板作出了一个后来证明足以改变中国命运和世界格局的决定，那就是研制我们自己的原子弹。毛泽东说，过去由于种种原因，我们还没腾出空来，现在是时候了，我们要大力发展原子能研究工作。

此时此刻的毛泽东肯定不会忘记，自新中国成立以来美国那咄咄逼人的核威胁。1950年6月爆发的朝鲜战争使新中国的国家安全受到了严重威胁，美国不仅将战火烧到了我国东北边境，同

毛泽东看过的那块铀矿石

年11月美国还将原子弹运到了停泊在朝鲜半岛附近的航空母舰上,并进行了核模拟袭击,时任美国总统的杜鲁门声称,将采取包括原子弹在内的一切必要措施来应付朝鲜战场局势。1953年春季,美国又秘密地将装有原子弹的导弹运到了日本的冲绳岛。1954年,美国参谋长联席会曾建议直接向中国大陆投掷原子弹,在此后人民解放军解放一江山岛和大陈岛的作战中,海峡危机再度升级,美国军方制订了使用包括原子弹在内的所有武器对中国进行全面进攻的计划。面对美国不断挥舞的核大棒,毛泽东清楚,美国人之所以敢如此威胁中国,就是因为中国人手里没有那枚小小的原子弹。

此时此刻的毛泽东肯定也会想起法国科学家约里奥·居里曾托人转给他的那句话:"……要保卫世界和平,要反对原子弹,就必须有自己的原子弹。"

因此,为了真正维护国家安全和世界和平,毛泽东下定决心,要发展原子能事业,研制原子弹。毛泽东说,在今天的世界上,我们要不受人家欺负就不能没有这个东西。

其实,对于发展中国自己的原子能事业,早在新中国成立前夕，毛泽东就有所关注了。

1949年春，经毛泽东同意、周恩来批准，中央曾计划拿出5万美元的外汇，让准备去巴黎参加保卫世界和平大会的钱三强等设法购买一批用于原子能研究的先进器材、书籍资料和实验药品。

新中国成立后，1949年12月，毛泽东对苏联进行了首次访问，在这期间，苏联方面专门为他放映了一部电影，那是苏联在1949年8月29日爆炸第一颗原子弹的纪录影片。这部影片也给毛泽东留下了深刻的印象。

1950年5月19日，经毛泽东批准，在北京成立了中国科学院近代物理研究所，也就是后来的中国原子能科学研究院，钱三强任所长，王淦昌、彭桓武任副所长。此后，大批怀有报国理想的科学家从海外陆续回国，中国的原子能事业开始起步。为了加强领导，1955年7月，中央决定由聂荣臻、陈云、薄一波组成三人小组，负责指导中国原子能事业发展工作。不久，具体负责全国核工业的设计和发展的第三机械工业部成立，后来改称第二机械工业部，简称"二机部"。1956年，毛泽东还亲自领导了《一九五六——九六七年科学技术发展远景规划纲要（修正草案）》的编制工作，确立了"重点发展，迎头赶上"的科技发展战略，其中原子能的和平利用被列为第一重点任务，以此带动科技事业的全面发展。对于新中国即将起步的原子能事业，毛泽东是这样说的："还有那个原子弹，听说就这么大一个东西，没有那个东西，人家就说你不算数。那么好，我们就搞一点。搞一点原子弹、氢弹、洲际导弹，我看有十年功夫是完全可能的。一年不是抓一次，也不是抓两次，也不是抓四次，而是抓它七八次。"1956年，毛泽东在《论十大关系》里面还说过这样的话：我们现在还没有原子弹，但是，过去我们也没有飞机和大炮，以后还要比这强，不但要有更多的飞机和大炮，而且还要有原子弹，在今天的世界上，我们要不受人家欺负，就不能没有这个东西。说这话的时候是1956年,这表明,毛泽东在当时已经下定决心,一定要搞出原子弹。

然而研制原子弹,是当时世界上最浩大的尖端工程,以当年中国的科学和工业水平,要想研制原子弹几乎和登天一样难。早在1954年国庆,毛泽东曾对来访的苏联领导人赫鲁晓夫说:"现在我们对原子能、核武器有点兴趣……我们也打算搞这项工业。"当翻译把毛泽东这番话译过去时,赫鲁晓夫一愣,回答道:"搞原子武器,中国现在的条件恐怕困难,那个东西太费钱了……如果现在中国要搞核武器,就是把全国的电力全部集中起来都难以保证……社会主义大家庭,有一把核保护伞就可以了,不需要大家都搞。"赫鲁晓夫的这番话也不是完全没有道理,此前美国为研制原子弹而实施的曼哈顿工程,在三年多的时间里,组织了上千名科研人员,顶峰时曾起用了53.9万多人,累计投入资金25亿美元,如此大的人力物力投入,对当时的新中国来说无疑是极为困难的。

但向困难低头不是毛泽东的性格,他还是说服了赫鲁晓夫,同意在中国将来的原子能研究中给予一些基本的帮助。从1955年到1957年,中国和苏联在原子能领域一共签署了四个协议。随后,大批的苏联专家开始陆续地来到中国,援助中国进行原子能方面的研究和建设工作。同时,毛泽东还鼓励中国的科学家说,我们有了人,有了资源,什么奇迹都可以创造出来,并亲自确定了以"自力更生为主,争取外援为辅"的原子能研制方针。

第一步已经迈出去了,接下来就要为中国的第一颗原子弹找一个研制基地,这可不是件容易的事,因为它牵涉保密、通信、辐射、交通运输等方方面面的问题。著名音乐家王洛宾曾创作过一首家喻户晓的歌曲《在那遥远的地方》,歌中所歌唱的美丽草原位于今天青海省海北藏族自治州海晏县。正是这片美丽的草原,最后被确定为中国第一颗原子弹的研制基地。1958年冬季,

被选定为中国核研究基地的青海省金银滩

在青海高原最寒冷的季节里，时任二机部九局局长和核研制基地司令员的李觉，就带领着第一批基建队伍开进了这篇草原。此后，在党中央的组织号召下，全国各地的建设者和研究者们从天南海北汇集到这片当年荒无人烟、与世隔绝的草原上，开始了中国第一颗原子弹的实际研发工程。金银滩草原，平均海拔3100米，气压低，氧气稀薄，年平均气温不到零摄氏度，经常风雪交加，冰雹大作，自然环境其实相当恶劣，远没有歌曲所唱的那般优美。但是，严酷的自然环境和当年贫乏的物资供应，并没有让基地的建设者放慢自己的步伐，1962年底，基地建设已基本完成。而金银滩外，还有另外一支队伍，早在1955年就悄悄地开始工作了——为了寻找铀矿，当时地质部门成立了三支勘探队，勘探队员们在短短的几年里几乎踏遍了祖国的大江南北，克服了各种难以想象的困难，甚至有十几位勘探队员为此付出了生命。

而此时在北京的毛泽东，不仅时刻关心着核武器研制基地建设的进展，而且对核武器的具体研究他也时常过问。1958年，当搞核燃料生产的一些人要任意改动一项核工艺，三机部部长为此请示毛泽东时，毛泽东明确说，原子能研究"要先学楷书，后写草书"，这一指示纠正了原子能研究工作中的某些不当做法，确保了我国原子弹研究工作一直按照科学步骤循序渐进，没有走弯路。

就在各项工作紧锣密鼓进行的时候，一场突如其来的国际风波使研究工作遭遇了空前的困难。1958年，因为苏联领导人赫鲁晓夫提出要在中国建立长波电台和共同舰队的建议被中国拒绝了，中苏关系开始出现裂缝。而1959年6月20号，苏共中央致电中共中央，借口苏联与美国正在日内瓦谈判关于禁止核试验的协定，打算中断向中国提供有关原子弹研制的一切技术资料。

1959年10月1号，赫鲁晓夫到北京参加中华人民共和国成立十周年庆典。在此期间，他和毛泽东有过这样一段对话。赫鲁晓夫说：关于原子弹生产，我们是不是把专家撤回去？毛泽东从容回答：我们可以自己试一试，这对我们也是个锻炼。

随后，赫鲁晓夫单方面撤走了全部援华专家，终止了苏联和中国一切经济和技术合作协定，也正是由于这封1959年6月20日的电文，中国的第一颗原子弹有了一个代号"596"，指的就是1959年6月，它要表明的是从此以后中国人要靠自己的力量搞出原子弹。

苏联的毁约，给中国核工业建设造成了严重的损失和巨大的困难。当时的中国，没一个人搞过原子弹，自力更生，远没有说起来那么容易。但是困难吓不倒毛泽东。1960年7月18日，一向喜欢顶着风浪上的毛泽东在北戴河会议上说：要下决心，搞尖端技术。赫鲁晓夫不给我们尖端技术，极好！如果给了，这个账很难还的。

就在原子弹研制最需要加大投入的关口，新中国却遭遇了成立以来罕见的三年自然灾害。此时，对于原子弹，是继续上，是缓上，还是下马？在国防科技系统，甚至在最高决策层也引起了争论。1961年夏天，在北戴河召开的国防工业委员会工作会议上，关于原子弹研制是否继续的争论还在升温。会上有人认为研制原子弹花钱太多，会影响常规武器的研制和国民经济的调整恢复，因而主张暂时下马，等国民经济好转后再上。而主张原子弹继续上马的则以陈毅、聂荣臻、贺龙等几个元帅为代表。陈毅甚至说：就是把裤子当了，也要搞原子弹。

毛泽东对这个会议很关心，他注意到了来自各个方面的意见。在这次会议之前，当时主管国防科研工作的聂荣臻元帅曾将一份日本军事工业发展情况的资料报送给他。几天后，毛泽东做出批示：中国的工业、技术水平比日本差得很远，我们应取什么方针，值得好好研究一下。根据毛泽东的批示精神，经过研究，国防尖端技术发展方针被确定为收缩战线，集中力量抓两头，一头抓科研试制，一头抓工业基础。聂荣臻事后说：毛泽东的这一指示，成为解决这一争论的契机。

为了掌握实际情况，解决争论，经毛泽东批准，中央委派时任人民解放军副总参谋长的张爱萍将军对原子弹研制工作进行实地调研，一个点一个点地摸情况。历经数月艰苦调查，张爱萍向中央递交了调查报告，认为我国的核工业已经有了相当的基础，只要加强组织协同力量，各项保障跟上去，1964年或1965年成功试爆原子弹是有可能的。

最后，毛泽东一锤定音，决定对尖端武器的研究试制工作，仍应抓紧进行，不能放松或下马，并且决定在1964年试爆中国第一颗原子弹。

对原子弹的爆炸时间，曾考虑过1962年。1960年初，周恩来和一些部长们在广州学习政治经济学。学习结束后，毛泽东约见大家，康生也去了。在问到原子弹什么时候可以爆炸成功时，时任国家原子能委员会常务副主任的宋任穷提出考虑到苏联毁约所造成的客观困难，应推迟两年，争取在1964年爆炸成功。康生听了，摇头说，1964年爆炸太迟了，还是应该在1962年，康生讲了半天，毛泽东都没有表示，最后只讲了一句话：康生，你去当二机部部长吧。康生一听势头不对,再也不吭声了。实际上,1962年试爆是做不到的。

毛泽东的一锤定音,让新中国的原子弹研制挺过了难关,也为原子弹的研制确定了合理的时间期限。试想一下,如果当时把原子弹研制停下来,推到"三五"计划期间进行的话,将正好碰上"文化大革命"的十年动乱,那么罗布泊的蘑菇云能否升起恐怕就是另一个答案了。

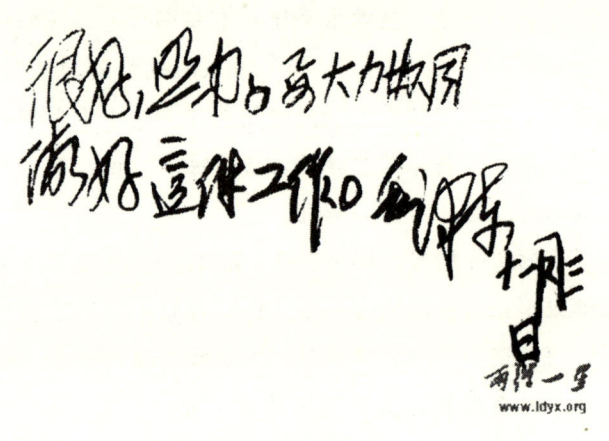

毛泽东的重要批示

1962年,原子弹的研制工作进入了最紧张的阶段。当年10月30号,时任人民解放军总参谋长的罗瑞卿向毛泽东和党中央递交了一份报告,提出实现原子弹爆炸必须取得全国在人力和物力上的大力支援,建议成立一个专门委员会,以加强对原子能工业的领导。毛泽东很快做出批示:"很好,照办。要大力协同做好这件工作。"不要小看这短短十五个字的批语。在研制原子弹这项异常复杂浩大的工程中,任何一个环节都是需要多部门甚至举国协同。仅是提取制造原子弹的核心材料铀-235,没有它,原子弹根本就造不出来。而铀矿石里含的铀-235只有0.7%,这么小的元素,要把它提取出来,却是一个让人难以想象的宏大工程——从南方的矿山开挖，选矿，粗加工，一步一步地筛选、提取，再把半成品送到北方某工厂，再由北方某工厂加工后，送到西部多家工厂，最后提取出铀-235，涉及全国20多个省、自治区、直辖市，分属20多个部门，900多家工厂，每一道工序都有极其严格的技术要求，每一个环节都要相互衔接，环环相扣，其整个工艺流程就要跨越大半个中国，经过数万人的劳动，工作量之大、要求之细，困难可想而知。如果没有毛泽东的"要大力协同"的批示，在当时经济上、技术上举步维艰的中国，仅仅要制造出武器级的铀-235都是难以想象的。正是因为这个批示，确保了全国20多个省、自治区、直辖市，26个相关部委，900多家工厂高校和研究机构，为了原子弹研制紧密协调、通力合作良好局面的形成。

同时，根据毛泽东的指示，中央还成立了以周恩来为主任的专门委员会，简称中央专委，以领导原子能工业建设。这个专门委员会非同小可，里面光副总理就有7个。中央专委的成立，大大加强了对原子弹研制工作的领导，在全国上下协同配合下，新中国的原子弹事业向着成功越走越近了。

1964年秋，中国的第一颗原子弹如期装配完成，但是在当时的国际环境下进行试验，那是要冒很大风险的。美国扬言，中国若要进行核爆炸，他们就要摧毁中国的核设施。中苏之间也正在激烈论战，相互敌视。因此，中央专委做了两套方案：一发展技术暂不试验，二不怕风险尽早试验。最后由毛泽东拍板，决定顶住压力，尽早试验。他说，原子弹是吓人的，不一定用，既然是吓人的，就早响。

伟人的决心化作了罗布泊戈壁滩那一声惊天动地的巨响，1964年10月14日15时，中华人民共和国第一颗原子弹爆炸成功！升腾而起、喷射出耀眼光芒的蘑菇云让世人永远地记住了这个时刻。

1964年10月，我国第一颗原子弹爆炸成功

当周恩来向毛泽东报告这一喜讯的时候，毛泽东沉稳地指示：一定要搞清楚是不是核爆炸，要让外国人相信。当确定是原子弹爆炸成功后，周恩来在陪同毛泽东在人民大会堂观看了大型歌舞《东方红》的演出时，当场宣布了这个令人振奋的消息，会场上响起了久久不息的掌声。

当晚，新华社向全世界公布了这个消息。远在瑞典的乌普萨拉大学观测站也监测到了这次相当于几万吨 TNT 威力的爆炸，它产生的地震波绕地球转了好几圈，至于爆炸的当量，当初的设计是两万吨，后来外界有说是 25000 吨和 22000 吨等，不过具体的最终数据至今还没有解密，但不管它当量多大，通过这一声巨响，中国向世界展示了他不屈不挠的骨气和自力更生的精神，也向世界展示了新中国的实力。这一刻，距离毛泽东在北戴河提出要"下定决心，自力更生，搞尖端技术"的时间仅仅四年，中国从此迈入了核大国行列。

当年的法国《民族报》曾这样报道说："中国的原子弹把中国加入联合国以及它作为一个大国登上国际舞台的问题提上了日

程。"而在1964年10月21日西德出版的《明镜》周刊上,有文章则认为:"中国的核爆炸……从长期来看,将改变世界力量对比。"

然而毛泽东并没有就此满足,他始终注视着国际上尖端科学的最前沿。

在1964年底召开的三届人大一次会议上,毛泽东说,我们不能走世界各国技术发展的老路……我们必须打破常规。随后,他审时度势地做出了"原子弹要有,氢弹也要快"的指示。广大科研工作者在第一颗原子弹成功爆炸的鼓舞下,奋力拼搏,于1967年6月17日在西部地区上空成功地爆炸了第一颗氢弹。

1967年我国第一颗氢弹爆炸成功

从原子弹到氢弹,美国用了七年零四个月,苏联用了四年,而中国仅用了两年零八个月。

在当时世界,除了原子弹和氢弹以外,人造卫星也是一项重要的尖端科技。1957年10月4日,苏联把人类第一颗人造地球卫星送上了太空，毛泽东对此很重视，认为这是社会主义阵营的胜利。而时任中国科学院副院长的竺可桢、力学所所长钱学森、地球物理所所长赵九章等也及时向中央上书，建议开展中国的卫星研究工作。1958年5月17日，毛泽东在"八大"二次会议上正式提出："我们也要搞人造卫星。"此后，中国科学院制定了分三步走的卫星研制规划：第一步发射探空火箭，第二步发射小卫星，第三步发射大卫星。发射人造卫星的基础是运载火箭，早在1956年我国就已经开始了运载火箭的研究工作。1960年5月28日，毛泽东到上海新技术展览会尖端技术展览室参观了T-7M火箭。当汇报这是没有苏联专家，没有资料，依靠自己的专家设计研制而成时，毛泽东连声称好，并询问火箭可飞多高，回答说能飞8公里，毛泽东说："8公里那也了不起！""应该是8公里、20公里、200公里，搞上去！"

1965年5月6日中央专委第十二次会议后，决定以中国科学院为主，负责发射人造卫星的总体设计和技术抓总，由四机部、七机部及总后勤部、军事医学院等部门协作。从此，中国第一颗人造卫星的研制任务正式启动，代号651。1966年1月，宣布成立中国科学院卫星设计院，代号651设计院，公开名称科学仪器设计院，赵九章任院长，杨刚毅任党委书记，钱骥等为副院长。经过广大科技专家和参加工作的科技人员四年多的艰苦努力，1970年4月24日晚21点35分，西昌卫星发射中心，长征一号火箭带着卫星直冲云霄，十三分钟后成功进入轨道。发射这颗人造卫星的火箭以毛泽东生平十分自豪的事业长征为名，这颗卫星则是一颗不但看得见，而且听得着的卫星，它是东方红1号，直径约1米，重173公斤，超过了苏、美、法、日四国首颗卫星重量的总和，并以20兆赫的频率向全世界播放着歌曲《东方红》。

1970年5月1日晚上，毛泽东在天安门城楼上接见了参加发射我国第一颗人造卫星的工作人员代表，并且和现场群众一起观看了通过广场上空的卫星。

我国第一颗人造卫星

我国由此成为第五个用自制运载火箭发射国产人造卫星的国家。

毛泽东搞"两弹一星"的决策使中国较早地跨进了核大国和航天大国的门槛,从而拥有了自己的核保护伞和安全天空,这对摆脱那些超级大国对我国的核讹诈和核威胁,维护我国的独立自主和国家安全至关重要。如果说毛泽东时代是中国科技事业全力追赶世界先进国家、尖端科技跨越发展的年代,那么"两弹一星"无疑是那个年代里科技腾飞的丰硕成果中最光彩夺目的篇章。

时任外交部长的陈毅元帅曾说过一句话:"没有原子弹,我这个外交部长的腰杆就不硬。"其实,"两弹一星"挺起了又何止是一个外交部长的脊梁,它们挺起的是一个世界大国的脊梁。正如1988年邓小平所说:"如果六十年代以来中国没有原子弹、氢弹,没有发射卫星,中国就不能叫有重要影响的大国,就没有现在这样的国际地位。这些东西反映一个民族的能力,也是一个民族、一个国家兴旺发达的标志。"

"两弹一星"的成功,也带动了国民经济有关部门的高新技术取得突飞猛进的发展，科技领域捷报频传，万吨水压机、人工合成胰岛素等科技成就都达到了当时世界的领先水平。毛泽东曾经说过："科学技术这一仗，一定要打，而且必须打好。"在毛泽东时代，新中国的科技事业取得了长足的发展。不仅培养了一大批自己的科技人员；而且在尖端科技、基础理论、应用科学以及新兴技术领域也取得一系列重大成就，赢得了世界科技界的高度重视，也为改革开放以来中国的科技腾飞创造了良好条件，打下了坚实的基础。

第八章

"双百"方针

1949年9月21日,中国人民政治协商会议第一次全体会议在中南海怀仁堂召开。在这个开辟新纪元的历史性时刻,毛泽东不仅对新中国的政治、经济、国防建设表示了充分的信心,还对未来的文化建设做出大胆预言。他宣告:"随着经济建设高潮的到来,不可避免地将要出现一个文化建设的高潮。中国人被人认为不文明的时代已经过去了。我们将以一个具有高度文化的民族出现于世界!"

这激动人心的宣言,代表了百年来因科技文化落后而受尽屈辱的中国人的共同愿望,展现了中华民族文化复兴的宏伟蓝图。

具有五千年历史的中华文化,源远流长,曾使中国跻身世界文明国家之列。然而到近代,我们的文化衰落了。由于封建制度的长期统治,以及帝国主义的侵略和奴役,中国在近百年变成文化上愚昧与落后的国家。新中国成立之初,全国5亿多人口,其中80%以上是文盲、半文盲,各类知识分子只有区区200万人。大部分知识分子是爱国和革命的,但一些从旧社会过来的知识分子身上不可避免地沾染了许多旧的东西，并把它带到新社会来。在国内百废待兴、国外有帝国主义颠覆和渗透的大环境下，文化领域的问题呈现十分复杂的状况。

毛泽东在民主革命时期就提出："不但要把一个政治上受压迫、经济上受剥削的中国，变为一个政治上自由和经济上繁荣的中国，而且要把一个被旧文化统治因而愚昧落后的中国，变为一个被新文化统治因而文明先进的中国。"根据毛泽东在《新民主主义论》中阐述的原则，1949年的《共同纲领》规定："中华人民共和国实行新民主主义的，即民族的科学的大众的文化教育政策。"这成为新中国文化建设的总方针。

1949年7月，中华全国文学艺术工作者第一次代表大会在北平召开。毛泽东亲自修改审定了中共中央给大会的贺电，指出："在革命胜利以后，我们的任务主要地就是发展生产和发展文化教育。人民革命的胜利和人民政权的建立，给人民的文化教育和人民的文学艺术开辟了发展的道路。"这次大会实现了老解放区与新解放区两路文艺大军的会师，明确了文艺为人民服务，首先是为工农兵服务的方针。大会建立了全国统一的文学艺术组织——中华全国文学艺术界联合会。第一次文代会的召开，揭开了新中国文化建设的第一页。

第一次文代会提出了改革旧戏剧的任务。在1950年召开的全国戏曲工作会议上，发生了京剧和地方戏以哪个为主的争论。1951年4月，中国戏曲研究院在京成立，毛泽东为其题词："百花齐放，推陈出新。"同年5月5日政务院发出《关于戏曲改革工作的指示》，提出："中国戏曲种类极为丰富，应普遍地加以采用、改造与发展，鼓励各种戏曲形式的自由竞赛，促成戏曲艺术的'百花齐放'。"戏曲界这个争论不休的问题终于得到了解决。

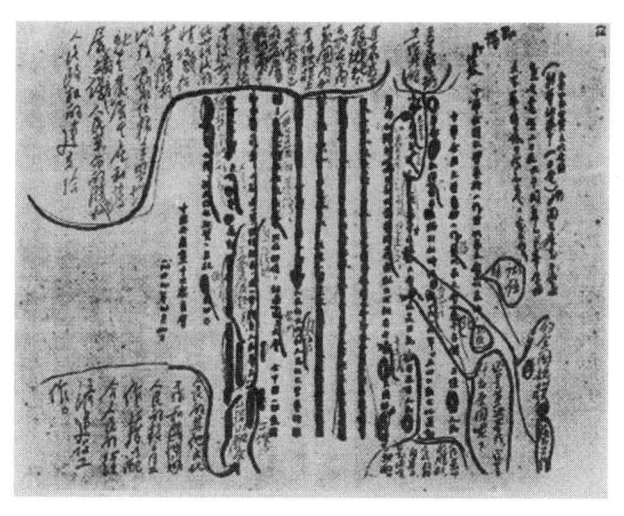

毛泽东精心修改的中共中央给中华全国文学艺术工作者代表大会的贺电

毛泽东为中国戏曲研究院题词"百花齐放，推陈出新"

此后，以毛泽东"百花齐放，推陈出新"方针为指导，对传统剧目和表演艺术进行整理改革的工作逐步开展起来，大批传统剧目焕发出了新的活力，许多濒临灭亡的剧种获得了新生。

1956年春天，昆曲《十五贯》在北京上演。这部老戏新编的作品风靡京城，梅兰芳等戏曲名家不但自己观看，还买票请人看，田汉、夏衍纷纷发表文章称赞这部戏，形成了满城争说《十五贯》的热闹景象。

电影《十五贯》海报

1956年4月17日，毛泽东第一次观赏了这部戏。当时因为考虑到戏里的南方科白观众不一定听得懂，唱词就用幻灯片放映出来。"见都"一场戏，犯人到凌晨就要杀头了，戏中人物况钟发现判决有误，想让巡抚刀下留人，这边况钟是心急如焚，而另一边巡抚大人慢慢吞吞、按部就班，两相对比把官僚做派表现得淋漓尽致。毛泽东大笑了好几次。这出戏演完以后，毛泽东站起来，双手举过头鼓掌。第二天毛泽东的指示就被传达：第一，这出戏改编得很好，演出也很好；第二，全国所有的剧种、剧团，都可以根据自己的情况，演这部戏；第三，对这出戏的改编，对这个剧团要给予奖励。过了没几天，在4月25日，毛泽东又看了一次《十五贯》。两天后，在中央政治局会议上，他还特意提到了这部戏。

5月18日，《人民日报》专门发表了一篇社论，叫《从"一出戏救活了一个剧种"谈起》。这"一出戏"指的就是《十五贯》。对昆剧演员们来说，这个标题是说到他们的心坎里去了。昆曲是一个十分古老的剧种，在京剧兴起之前就已没落，艺人们生存十分艰难，他们常常为濒临倒闭的剧团发愁，为昆曲的不景气而发愁。而《十五贯》改变了这一切，表演《十五贯》的浙江省昆苏剧团在北京演出完以后，一路在天津、南京、上海、福建演出，最后上海电影制片厂专门拍摄了彩色戏曲电影《十五贯》。到1956年底，《十五贯》还到莫斯科去演出了。《十五贯》的成功大大改变了昆曲的境况，昆曲艺人们的地位提高了，昆曲表演艺术也得到了传承。

毛泽东爱看戏、听戏，最喜欢的是京剧

1956年2月，中宣部的一份报告引起毛泽东的注意。报告中说，在中国讲学的一位苏联学者，在访问孙中山故居途中，向中国陪同人员表达了对毛泽东《新民主主义论》中关于孙中山世界观的论点的不同看法，这"有损于我党负责同志威信……是否有必要反映给苏共有关方面"。毛泽东看到报告，专门写信给刘少奇、周恩来等说明："我认为这种自由谈论，不应当去禁止。这是对学术思想的不同意见，什么人都可以谈论，无所谓损害威信。因此，不要向尤金谈此事。如果国内对此类学术问题和任何领导人有不同意见，也不应加以禁止。如果企图禁止，那是完全错误的。"

毛泽东一直坚持学术问题可以争论的态度。1953年，历史学家郭沫若和范文澜就中国奴隶制和封建制的分期问题发生争论，中国历史问题研究委员会主任陈伯达向毛泽东请示历史研究工作的方针，毛泽东讲了四个字："百家争鸣"。1956年2月，中宣部部长陆定一向毛泽东汇报了一些学科中存在的不正常的争论现象，毛泽东又一次提出要对科学工作采取"百家争鸣"的方针。

1956年，随着大规模经济建设的开展和社会主义改造的即将完成，集中力量发展生产力、全面建设社会主义日益成为党和国家的主要任务。当时迫切需要解决的一个大问题是调动广大知识分子的积极性，充分发挥他们的作用。1月4日，中共中央在北京召开了关于知识分子问题的会议，周恩来在会上作了《关于知识分子问题的报告》，他代表中共中央郑重宣布：我国知识分子的绝大部分已经成为国家工作人员，已经为社会主义服务，已经是工人阶级的一部分。毛泽东在闭幕会上讲话，特别指出：现在叫技术革命和文化革命，革愚昧无知的命，没有知识分子是不行的，单靠老粗是不行的。中国应该有大批知识分子。他号召全党努力学习科学知识，同党外知识分子团结一致，为迅速赶上世界先进科学水平而奋斗。

1956年4月28日，毛泽东在政治局扩大会议正式提出"双百"方针，他说："'百花齐放、百家争鸣'，我看应该成为我们的方针。艺术问题上百花齐放，学术问题上百家争鸣。"同年5月，毛泽东又在最高国务会议上谈到这个方针，他说："现在春天来了嘛，一百种花都让它开放，不要只让几种花开放，还有几种花不让它开放，这就叫百花齐放。百家争鸣，是说春秋战国时代，二千年以前那个时候，有许多学派，诸子百家，大家自由争

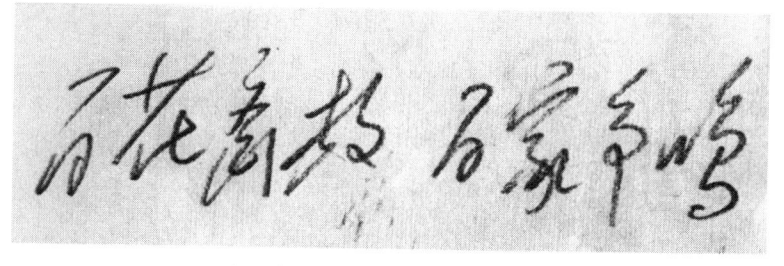

毛泽东关于"双百"方针的手迹

论。现在我们也需要这个。"

在1956年9月召开的中共"八大"上,"百花齐放,百家争鸣"方针正式载入党的文件。从此,"双百"方针成为社会主义科学文化事业的指导方针。

"双百"方针的提出,犹如阳光雨露,给文艺科学界带来了春天般的温暖,极大地鼓舞了文艺工作者的创作热情,调动了科学工作者的研究积极性。

《人民日报》社论《百花齐放、百家争鸣》

1957年3月24日,《人民日报》刊登了民盟中央委员、社会学家费孝通的一篇文章《知识分子的早春天气》。文中写道:"春到人间,老树也竟然苗出了新枝。百家争鸣的和风一吹,知识分子的积极因素应时而动了起来。"这形象地表达了广大知识分子共同的喜悦感受。因为就在不久前,"老知识分子当他们搞清楚了社会主义是什么的时候,他们是倾心向往的。但是未免发觉得迟了一步,似乎前进的队伍里已没有他们的地位,心上怎能不浮起了墙外行人的'笑渐不闻声渐悄,多情却被无情恼'的感叹"。而"双百"方针的政策让"知识分子在新社会里的地位是肯定了,心跟着落了窠,安了。心安了,眼睛会向前看,要看出自己前途"。

然而,"双百"方针的贯彻执行并非一帆风顺,当时党内不少干部难以理解和接受这一新思路,一些人明显地表露出怀疑、忧虑乃至反对的态度。针对这种情况,毛泽东在1957年又多次强调和重申坚持"双百"方针的重要性。

当时二十多岁的王蒙发表了他的处女作《组织部新来的年轻人》。这是一篇抨击党内的官僚主义现象的小说。小说发表后引起了很大的争议,有人开始"对号入座",声明"在中共中央所在地果然有这样的区委是不可信的","我们这儿并不是那样呀",等等。随后在作协主办的《文艺学习》上,掀起了关于《组织部新来的年轻人》的大讨论。各界人士,有文艺界人士,也有党团机关干部都参与了进来。讨论从1956年第12期开始,连续进行了4期,前后发表文章25篇。这个叫王蒙的年轻人就这样出了大名。他后来在《半生多事》里回忆,那时"人们争说'组织部'","看到行行整齐的铅字里王蒙二字出现的频率那么高,我主要是'得意洋洋'。……我在心里这样说,相当不好意思地说"。

不过,高兴没有多久,王蒙就发觉有些异样。首先是《文汇报》已决定连载的他的《青春万岁》不见了踪影,其次是《中国青年报》总编和副总编悄悄找王蒙谈话,他们忧心忡忡,认为王蒙捅了个大娄子。1957年2月9日,《文汇报》突然登出一篇长文,这就是《评〈组织部新来的年轻人〉》,作者是因率先批评俞平伯的红学而受毛泽东欣赏的李希凡。文中比较严厉地批判了王蒙的小说,认为小说对官僚主义的描写过于夸大,不符合现实

年轻时的王蒙

王蒙所受的巨大压力，可想而知。

令王蒙没有想到的是，毛泽东关注到了他的小说。2月26日，毛泽东在颐年堂召集中央报刊、作家协会、中国科学院和青年团的负责人开会，会上他专门谈到自己对王蒙的小说以及有关讨论的看法："王蒙最近写了一篇《组织部新来的年轻人》，此人这篇小说有缺点，需要帮助他。对待起义将领也要帮助，为什么对青年人不采取帮助的态度呢？……王蒙写正面人物无力，写反面人物比较生动，原因是生活不丰富，也有观点的原因。……有些同志批评王蒙，说他写得不真实，中央附近不该有官僚主义。我认为这个观点不对。我要反过来问，为什么中央附近就不会产生官僚主义呢？中央内部也产生坏人嘛！并且说：用教条主义来批评人家的文章，是没有力量的。"

后来，毛泽东又三番五次就王蒙的小说做出指示。有人统计，从1957年2月至4月，毛泽东就此共发表了五次谈话，归纳起来有三点：（1）王蒙写党内官僚主义不是歪曲现实；（2）要"保护"这个年轻作家；（3）反对《人民文学》对小说原稿的修改。在如此短的时间内就同一个作家、作品发表如此频繁的谈话，在毛泽东一生中也是绝无仅有的。王蒙后来在一次采访中说："他甚至于说，这个作品写的反官僚主义我就支持。然后说，王蒙有文采，年轻、又有文才，有希望。这个话我现在提起来，我仍然感谢毛主席。因为他这是第一个人，第一个以这种身份的人肯定你，这是毛主席的话。"

毛泽东当时之所以抓住这件事着重加以分析，是因为这件事具有典型意义。用毛泽东自己的话来说，它反映出"我们对人民中的错误采取如何处理的方针，有大量的人是没有弄清楚的"。毛泽东想通过这件事尽可能把空气搞活，创造一个自由环境，真正贯彻"百花齐放、百家争鸣"。在1957年3月12日全国宣传工作会议上，毛泽东又重申了"双百"方针，并强调了两点：第一，"百花齐放，百家争鸣，这是一个基本性的同时也是长期性的方针，不是一个暂时性的方针"。第二，"百花齐放、百家争鸣这个方针不但是使科学和艺术发展的好方法，而且推而广之，也是我们进行一切工作的好方法。这个方法可以使我们少犯错误。有许多事情我们不知道，因此不会解决，在辩论中间，在斗争中间，我们就会明了这些事情，就会懂得解决问题的方法。各种不同意见辩论的结果，就能使真理发展"。

毛泽东的话，征服了知识分子的心。著名文学翻译家傅雷听到毛泽东在全国宣传工作会议上的讲话后，写信给孩子说："毛主席的讲话，那种口吻，音调，特别亲切平易，极富于幽默感；而且没有教训口气，速度恰当，间以适当的pause（停顿），笔记无法传达。他的马克思主义是到了化境的，随手拈来，都成妙谛，出之以极自然的态度，无形中渗透听众的心。讲话的逻辑都是隐而不露，真是艺术高手。毛主席是真正把古今中外的哲理融会贯通了的人。""他的胸襟宽大，思想自由，和我们知识分子没有区别。"

新中国成立初期，我国自然科学界，在苏联教条主义的影响下，出现了对不同学派乱贴"标签"、乱戴"帽子"、抬高一个学派压制另一个学派的现象。例如，当时在遗传学领域，独尊李森科为社会主义学派，指责摩尔根为资本主义学派。著名物理学家胡先骕在《植物分类学简编》中批评了李森科，竟然遭到政治批判。1956年4月28日，毛泽东在中央政治局扩大会议有针对性地说："讲学术，这种学术也可以讲，那种学术也可以讲，不要拿一种学术压倒一切。你讲的如果是真理，信的人势必就会越来越多。"5月2日，毛泽东在最高国务会议第七次会议上讲了一段很重要的话："在中华人民共和国宪法范围之内，各种学术思想，正确的、错误的，让他们去说，不去干涉他们。李森科、非李森科，我们也搞不清，有那么多的学说，那么多的自然科学学派。就是社会科学，也有这一派、那一派，让他们去谈。在刊物上、报纸上可以说各种意见。"

1956年8月10日，遗传学座谈会在中科院青岛疗养院召开。在开幕式上，于光远开门见山地讲："为了贯彻'百家争鸣'，党决定，对学术问题，党不做决议，让科学家自己讨论。"时任中科院生物学地学部副主任的童第周致开幕词，号召大家"本着百家争鸣的精神，把自己的见解尽情地发表出来，不怕争论，要争论得愈热烈愈好"。这就给与会者吃了定心丸，随着会议的进行，气氛由沉闷变为活跃，与会学者们的讨论越来越热烈、越来越坦诚，兴奋得有时候连饭都顾不上吃，到会议结束的那天晚上，不少人都开怀畅饮、一醉方休。

北京大学遗传学家李汝祺也参加了这次座谈会。会后，他写了《从遗传学谈百家争鸣》一文，毛泽东看后建议《人民日报》予以转载，并为其写了按语，重新拟了题目"发展科学的必由之路"。毛泽东认为，百家争鸣，学术自由，是"发展科学的必由之路"，"双百"方针反映了科学和艺术发展规律的客观要求。

这次意义非凡的会议，中国现代遗传学奠基人、"中国的摩

1956年中国科学院、高等教育部在青岛联合召开遗传学座谈会,与会代表合影(前排右五为谈家桢)

尔根"谈家桢也参加了,会议结束的晚上他也喝醉了。就在谈家桢参加青岛遗传学座谈会时,毛泽东也正在青岛主持中央工作会议。一天,毛泽东指名要见谈家桢,当陆定一领着谈家桢来到毛的住地,毛泽东一见他就笑着道:"哦,你就是遗传学家谈先生、谈教授啊!"入座后,毛泽东征求谈家桢对"双百"方针和遗传学研究与教育工作的看法,听完后表态说:"一定要把遗传学研究工作搞起来,要坚持真理,不要怕。过去我们学习苏联,有些地方不很对头,现在大家搞嘛,可不要怕。"这一席话,让一度无法开课的谈家桢重登讲台。

1958年1月6日,毛泽东特意派专机接谈家桢等三人一道去杭州。当赶到西湖丁家山下的刘庄宾馆时,谈家桢见毛泽东竟亲自站在门口等候他们。那天晚上,在风景秀丽的西子湖畔,四个人像老友一样畅所欲言。毛泽东问谈家桢:"把遗传学搞上去,还有什么障碍和困难么?"谈家桢把积攒很久的想法一五一十地都吐露出来。毛泽东听完,站起来说:"有困难我们一起来解决,一定要把中国的遗传学搞上去!"在毛泽东的关照下,1959年复旦大学成立了遗传学教研室,两年后又建立了遗传学研究所,都由谈家桢全权负责。

1961年五一劳动节前夕,谈家桢第三次与毛泽东在上海见面。毛泽东问谈家桢:"复旦是个名校,把遗传学搞上去,你还有什么顾虑吗?"谈家桢说:"没什么顾虑了,多亏主席关照,我们复旦创建了遗传学教研室和研究所,两个学派的课程同时开……"毛泽东笑道:"我支持你!一定要把遗传学搞上去!"

谈家桢在多年以后回忆起这段历史,仍然激动不已地说:"'双百'方针的提出,青岛遗传学座谈会的召开,毛泽东主席的亲自关注,无论对中国遗传学事业,还是对我本人而言,都如久旱逢甘露,是一种莫大的支持。这是我一辈子都不能忘记的。"

谈家桢在为学生授课

在1960年代初,由于"左"倾思想的盛行,曾经一度禁止美术教学和研究中使用模特儿。1965年5月12日中央美术学院几位美术教师向毛泽东写信,反映废除模特儿制以后美术教育活动中遇到的困难和问题,建议恢复一定比例的人体习作。毛泽东看到来信后,在7月18日作了批示:"此事应当改变。画男女老少裸体Model是绘画和雕塑必须的基本功,不要不行,封建思想,加以禁止,是不妥的。即使有些坏事出现,也不要紧。为了艺术学科,不惜小有牺牲。"时隔半月,又批示:"画画是科学,就画人体这问题说,应走徐悲鸿素描的道路,而不走齐白石的道路。"毛泽东的批示体现了对艺术规律的尊重,给中央美术学院的师生们很大鼓舞。

1964年9月1日,中央音乐学院音乐学系学生陈莲给毛泽东写了一封信。信中反映了该院教学和演出中存在的一些问题,对实行音乐革命化、民族化、群众化等提出了意见。毛泽东作了批示,肯定此信,指示解决她所提出的问题。就是在这个批示中,毛泽东提出"古为今用,洋为中用"的文艺方针。

抗日战争时期,毛泽东在《新民主主义论》《在延安文艺座谈会上的讲话》中,都谈到如何正确对待中外文化遗产问题,十分精辟。1956年4月25日,毛泽东在《论十大关系》的讲话中说:"我们的方针是,一切民族、一切国家的长处都要学,政治、经济、科学、技术、文学、艺术的一切真正好的东西都要学。但是,必须有分析有批判地学,不能盲目地学,不能一切照抄,机械搬运。"同年8月24日,在同音乐工作者的谈话中,毛泽东又生动而又精辟地阐述了如何处理"古今""中外"文化财富的问题。他说:"艺术上'全盘西化'被接受的可能性很少,还是以中国艺术为基础,吸收一些外国的东西进行自己的创造为好。""我们接受外国的长处,会使我们自己的东西有一个跃进。中国的和外国的要有机地结合,而不是套用外国的东西。""向古人学习是为了现在的活人,向外国人学习是为了今天的中国人。"

在毛泽东批示精神的鼓舞下,中央音乐学院师生走出校门,下农村、进工厂、到部队演出和访问,倾听群众对音乐的要求,体验生活,锻炼思想,同时搜集创作素材。各系制订了新的教学计划,增加民族民间音乐的教学比重。对于外国音乐曲目,认真做了遴选。音乐学习和创作重新找到活力,新鲜空气充满校园和舞台。

"双百"方针的提出,曾打破了思想文化界的多年沉闷。社

1956年7月,文化部与中国音乐协会主办"第一届全国音乐周"

会科学和自然科学界,出现了热烈的自由讨论的氛围。文艺事业出现了前所未有的繁荣景象,优秀作品大量涌现。文化事业机构和队伍,比旧中国有了几十倍甚至几百倍的增长。据1964年第二次人口普查公布的数字显示,文盲半文盲占总人口的38%,比1949年的比例减少了42个百分点。科技战线在非常薄弱的基础上取得了十分明显的成绩。到1965年,全国科研人员达到240万人,为以后的文化建设打下了坚实的基础。

虽然1957年夏季之后,由于"左"倾指导思想的发展,阶级斗争扩大化理论逐步升级,"双百"方针贯彻执行受到严重扭曲和挫折,科学文化工作中发生了日益严重的"左"的偏差,但是毛泽东"百花齐放,百家争鸣"方针那熠熠生辉的理论内容穿透迷雾,昭示后人,为有中国特色的社会主义理论所继承和发展,在推进社会主义文化大发展、大繁荣的新的历史阶段放射出更加夺目的光彩。

第九章

和平外交

今天在北京的东城区有一片静谧的街巷,人们在此自由地漫步穿行,然而新中国成立前的这里,却是国人所不敢驻足之地,因为这里是东交民巷,是新中国成立前帝国主义国家在中国的旧使领馆区。自1900年《辛丑条约》签订以后,帝国主义列强在这里强征土地修建使领馆和兵营,并且在此驻扎军队,巡逻警戒,把这里变成了象征帝国主义特权的国中之国。但是这一切,在1949年发生了变化。

1949年2月3日,在毛泽东的批准下,参加北平入城式的人民解放军部队在入城路线里没有选择经过天安门,却特意选择了经过东交民巷。当人民解放军的坦克、大炮浩浩荡荡地驶过东交民巷的时候,无论是北平的群众,还是此时躲在使领馆里偷偷往外看的外国人,都强烈地感觉到,时代变了。

在此后的1949年3月初西柏坡召开的党的七届二中全会上,为了迎接即将成立的新中国,毛泽东向全党首次宣布了外交政策。对新中国的外交政策,此时的毛泽东把它形象地概括为"另起炉灶""打扫干净屋子再请客"和"一边倒"。"另起

旧中国在东交民巷设防的帝国主义士兵

炉灶"就是不承认国民党的任何外交机关和外交人员的合法地位，不承认国民党时代的一切卖国条约的继续存在，这让新中国牢牢地掌握了外交的主动权；"打扫干净屋子再请客"就是要取消帝国主义在中国的一切特权，这是真正实现平等外交的前提。"另起炉灶""打扫干净屋子再请客"的核心就是实现独立自主的平等外交。"一边倒"就是倒向以苏联为首的社会主义阵营。在当时东西方两大阵营冷战，以美国为首的西方国家对新中国进行包围封锁和武力威胁的国际形势下，"一边倒"为中国打开了一片国际空间，避免了中国的孤立，事实上是非常必要的和正确的。

七届二中全会结束一个多月后，1949年4月20日，长江岸边人民解放军再次用隆隆的炮声向世界宣告了毛泽东的外交政策。当晚，阻挠我人民解放军渡江作战的英国炮舰紫石英号被我军炮兵击伤搁浅。在此后的中英双方交涉中，面对前英国首相丘吉尔扬言的武力报复，毛泽东以中央军委作战部部长李涛将军名义，亲自起草了中国人民解放军总部发言人的声明，即《李涛将军声明》。在声明中，毛泽东驳斥了英国首相艾德礼所谓"英国有权开军舰驶入长江"的谬论，并义正词严地宣布：中国人民革命军事委员会和人民政府愿意考虑同各外国建立外交关系，但这种关系必须建立在平等、互利、互相尊重主权和领土完整的基础上。这是中国共产党向全世界声明自己的外交主张。声明一经发出，立即在世界上引起了强烈的反响。

被我人民解放军击伤搁浅的英国军舰紫石英号

几个月后，英国炮舰紫石英号，在英国的武力讹诈失败后，仓皇出逃。消失在夜幕中的紫石英号不仅宣告了帝国主义在中国炮舰政策的终结，也让世界记住了毛泽东在中英交涉中所声明的外交主张，那就是：中国人民愿意同各国建立外交关系，但这种关系必须建立在平等、互利、互相尊重主权和领土完整的基础上。

新中国成立后，取缔了帝国主义在华的全部特权，中国人在列强的侵略压迫下跪在地上办外交的百年屈辱被彻底洗刷。从此，翻开了中国独立自主的和平外交新篇章。

为了尽快打开外交局面，与世界各国建立外交关系，就在开国大典刚刚结束、游行的人群还没有散去的时候，按照毛泽东和周恩来的指示，毛泽东在开国大典上宣布的中华人民共和国中央人民政府公告和外交部长周恩来的外交公函就送到了苏联、美国、英国、法国、荷兰等国旧领事馆内。而让人们难以想象的是，因为时间紧迫和车辆缺乏，这一份外交公函当时竟是中央外事组的同志们骑着自行车满头大汗地送去的。当各国原外交人员接到公告及公函后，纷纷向本国政府汇报，尤其对新中国宣布的与外国建交和发展外交关系的原则给予了极大的重视。有的为了节省时间，索性用明码给本国政府发电。一时间，北京、上海等地的电报局变得异常繁忙。

新中国成立后，立刻获得了苏联及社会主义阵营国家的承认和热烈支持。1949年底，为了解决中苏之间遗留问题，同时也为了争取苏联对新中国建设事业的支援，毛泽东顾不得天气的严寒，于12月6日启程访问苏联。这是毛泽东第一次走出国门。

在访苏期间，毛泽东同斯大林说，我们两国要弄一个"既好看，又好吃"的东西。这个"既好看，又好吃"的东西就是随后签订的《中苏友好同盟互助条约》。

通过这个条约，苏联放弃了旧俄在华特权，与中国在国家安全和经济建设等领域进行密切合作并提供了相应援助，这对起步艰难的新中国来说有着重大的意义。对这个条约，毛泽东后来评价说：这是"把两国的友谊在条约上固定下来，我们可以放手搞经济建设，外交上也有利"。

除了苏联为首的社会主义国家以外，其他一些国家也致电表示愿意与中国建立外交关系。在这段时间里，刚刚成立的新中国外交部几乎成了当时最忙碌的国家机关。面对这种形势，毛泽东及时做出指示，要求对提出与我国建交的国家要做区别对待，坚持谈判建交的原则——就是在同非社会主义国家建立外交关系时，要求通过谈判让对方政府先讲清楚三个先决条件，那就是必须先断绝和国民党残余势力的关系，在联合国支持新中国的合法席位，同意把该国领域内属于中国的财产及其处置权完全移交给中华人民共和国。在对方表明了对这三个条件的态度之后，再进行磋商建交事宜。在毛泽东的领导下，新中国成立初期先后同苏联等十几个国家建立了外交关系，为新中国在世界舞台上打开了一片天地。

这一时期的毛泽东一方面积极打开国门，推动新中国与友好国家和平建交；另一方面为了捍卫国家主权，保家卫国，维护世界和平，于1950年做出了抗美援朝的果断决策，中国人民志愿军出兵朝鲜与世界头号资本主义强国美国浴血奋战三年，最终迫使了美国于1953年7月在《朝鲜停战协定》上签字。抗美援朝的胜利，极大地提高了新中国的国际威望。朝鲜战争后，为了推动周边和平，在1954年召开的旨在解决朝鲜问题和越南问题的日内瓦会议上，以周恩来为首的中国代表团根据毛泽东所提出"国际斗争中我们要和平，要利用矛盾，联合多数，孤立少数"的原则，进行了积极努力，最后促成了与会各方达成了一系列的协议。

日内瓦会议，是中华人民共和国第一次以世界五大国之一的身份和平等地位出席的国际会议。这表明新中国的国际地位和国际影响在迅速提高，中国在缓和国际紧张局势、维护世界和平进程中的重要作用得到国际社会的重视和承认。在此期间，毛泽东根据朝鲜战争结束后国际形势有所缓和，英法等国家同美国矛盾有所发展的新形势，提出："现在，门要关死已经不可能了，而且很有一种有利的局势，需要我们走出去。"他提出对于英、法这类国家，要改善关系，争取建立正式外交关系。对于一切希望和平而对中国还有某些疑虑的国家，也要主动地去做工作。从新中国成立前夕"打扫干净屋子再请客"到此时"走出去"的外交方针，这是毛泽东对中国外交政策的做出的第一个重大调整。

1954年6月下旬，在日内瓦会议休会期间，根据毛泽东"走出去"的外交方针，周恩来应邀对印度和缅甸进行了访问，这是新中国的总理第一次访问亚洲邻国。在访问期间,周恩来总理着重宣传了和平共处五项原则,即互相尊重领土主权、互不侵犯、互不干涉内政、平等互利和和平共处的原则。和平共处五项原则在中印、中缅联合声明中发表后,在国际上很快赢得了广泛承认和支持,成为世界上多数国家处理国与国关系的基本准则。直到今天,和平共处五项原则仍然是我国外交的基本原则。

1954年,毛泽东还在与先后来访的印度总理尼赫鲁和缅甸联邦总理吴努的会谈中,进一步阐明了和平共处五项原则。他说:"五项原则是一个长期方针,不是为了临时应付的","要把和平共处五项原则推广到所有国家的关系中去"。他还强调,"我们着重的不是思想和社会制度方面的不同,而是我们的共同点"。

这就是毛泽东理念中的新型的国与国之间的关系,也就是国与国之间不论大小一律平等,求同存异,和平共处。

带着这一理念,在1955年印度尼西亚召开的万隆亚非会议上,周恩来代表中国政府在会上作了国与国之间可以"求同存异"的著名的大会发言,引起了巨大的反响,获得了广泛的好评。中国代表团在亚非会议上的出色表现,使一些原来对社会主义中国存有恐惧或对抗心理的亚非国家,开始改变看法,转而对中国采取友好态度。到1955年,同中国建交的国家达20多个,掀起了新中国成立后的第一次建交高潮。就连主张遏制和封锁中国的美国在这一年也同意了与中国开始进行大使级的会谈。中国独立自主的和平外交打开了局面。

就在毛泽东带领着中国积极推行独立自主的和平外交的时候,20世纪50年代后期到60年代末,风云突变。

一方面,美国继续推行敌视中国的政策,并试图把台湾从中国分裂出去,制造两个"中国"。此时的苏联,则开始对外推行"苏美合作,共同主宰世界"的战略,逐渐表现出其大国沙文主义,并且力图控制中国服从其战略,中苏关系开始恶化。

另一方面，在美苏之外，亚非拉民族解放运动空前高涨，世界上越来越多的国家摆脱了西方列强的殖民统治，走向了独立发展的道路。

面对严峻的形势变化，毛泽东没有畏惧。在他的决策下，人民解放军用炮击金门沉重地打击了蒋介石反攻大陆的嚣张气焰和美国搞"两个中国"的企图，迫使美国不能不继续保持中美大使级会谈这一外交对话渠道。而对于苏联向中国施加的种种压力，毛泽东则从维护中苏两国人民的传统友谊出发，一方面坚决顶住苏联大国沙文主义，维护国家主权，同时也不放弃与之寻求协商谈判以缓和两国关系的机会。

毛泽东是辩证法的大师，在他眼里，即使同时面对美苏两个超级大国的压迫和封锁，世界仍然有一片广阔的天地——那就是两个"中间地带"。在他看来，亚非拉国家是第一个中间地带国家，它们是我们直接的同盟军；而欧美其他国家以及日本，是第二个中间地带国家，可以作我们的间接同盟军。具体战略是依靠第一个中间地带国家，争取第二个中间地带国家，反对美国帝国主义和苏联大国沙文主义。

根据这一方针，这一时期我们把亚非拉国家作为外交工作的重点。在同邻国妥善解决历史遗留问题以及双边争端问题的同时，还大力支持亚非拉人民的民族解放运动和国家建设，赢得了亚非拉国家对我国的理解和支持。

同时，针对第二个中间地带的国家，毛泽东提出了"利用矛盾"和"以民促官"的方针，积极同日本、西欧等国家开展民间外交和贸易往来，发展友好关系。在这一方针的促进下，1964年1月，中法经过谈判实现建交，打开了中国同西方国家建交的大门。同年11月和12月，中国又同意大利和奥地利分别互设贸易机构，在美国长期封锁中国的锁链上打开了缺口。到20世纪60年代中期，同中国建交的国家将近50个，比50年代中期增加了一倍多，掀起了第二次建交高潮。

当历史的车轮进入到 20 世纪 60 年代末 70 年代初时,世界形势再次发生了深刻变化。

1969 年 3 月,苏联军队悍然越过中苏边境占领珍宝岛,对我国进行武装挑衅。在毛泽东的指示下,中国边防部队击退了苏联的武装挑衅,收复了珍宝岛。随后苏联在中苏和中蒙边境上陈兵百万,并扬言要对中国进行核攻击,一时战争阴云笼罩,两国关系降到建交以来的最低点。

这时的美国则深陷侵越战争的泥潭,国力削弱,内外交困,为了集中力量对付苏联的争霸,开始收缩战线,转而同中国接近。中苏珍宝岛冲突后,美国政府突然宣布放宽对中美之间的人员往来和贸易限制,不同意苏联提出的"亚洲集体安全体系"及其他旨在孤立中国的行动,下令停止派驱逐舰到台湾海峡巡逻,等等,开始不断发出改善对华关系的信号。

面对 1960 年代末 1970 年代初风云变幻的国际形势,毛泽东审时度势地对中国外交战略再次做出了重大调整,逐步形成和提出了"一条线"的战略思想和"三个世界划分"的理论。"一条线"就是联美抗苏,摆脱与美苏同时对抗的局面,集中力量抵抗苏联的威胁,这对当时处于苏联核威胁之下的中国,是非常必要和紧迫的。

"三个世界划分"的理论是毛泽东 1974 年在会见赞比亚总统卡翁达时所正式提出的,也是今天我们大家都非常熟悉的一个外交理论,那就是美苏两个超级大国是第一世界,西欧和日本这些发达国家是第二世界,广大的亚非拉发展中国家是第三世界。毛泽东提出的三个世界的理论为我们科学观察和分析国际关系提供了新的视角,至今仍是我国制定外交战略的重要指导思想。

在这一方针指导下,新中国外交在这一时期取得了重大突破。

1971 年 10 月 25 日晚,在大洋彼岸的美国纽约联合国总部会场里,人声鼎沸。在此召开的第 26 届联合国大会通过了阿尔巴尼亚等23个国家提出的"恢复中华人民共和国在联合国的一切合法权利,立即把蒋介石集团的代表从联合国一切机构中驱逐出去"的提案,整个会场沸腾了。一家美国报纸曾这样描述当时的场景说:在中国当过大使的坦桑尼亚驻联合国代表萨利姆高兴得跳起了非洲舞。而会场中很多代表欢呼着,甚至兴奋地拍起了桌子。

对恢复中国在联合国合法席位这件事,毛泽东也一直看得很重。他曾对身边工作人员多次说:"世界不能始终让美、苏两国霸占下去,中国人在世界上说话也得算数","联合国,我们总有一天可以进去"。

当毛泽东得知新中国以压倒性多数的选票恢复了在联大合法席位的消息后,他异常高兴地说,主要是第三世界兄弟把我们抬进去的。因为从20世纪50年代起,毛泽东就明确指出中国要把做工作、交朋友的重点放在亚洲、非洲和拉丁美洲。对亚非拉各国的民族独立解放运动和经济建设,毛泽东给予了极大的关注和支持。同时,在对外援助中,他还反复强调要十分注重尊重被援助国的主权和保持他们的尊严,防止我们自己在国际交往中搞大国沙文主义。

毛泽东的真诚和友好为中国在亚非拉第三世界赢得了一大批真正的朋友。

也正是这些朋友,让毛泽东此前关于"联合国,我们总有一天可以进去"的预言成为了现实。

如果问20世纪70年代初世界上最具有爆炸性的新闻是哪一条,那么中美建交无疑可以当选。新中国成立后,毛泽东在坚决反对美国霸权主义的同时,并没有放弃寻求保持中美接触、改善中美关系的机会。1955年8月,在毛泽东批准下,中美之间开始了大使级谈判。虽然会谈曾一度中止,但中美之间接触并没有中断。同时对太平洋彼岸的美国方面此时对中国不断释放的缓和信号,毛泽东其实早有注意。早在1968年冬天,他就饶有兴趣地读了有关美国总统竞选的材料，并认为尼克松所著的《六大危机》一书"写得不错"。1969年1月，根据毛泽东的意见，《人民日报》全文刊登了美国总统尼克松发表的就职演说。

1969年，珍宝岛事件后，毛泽东提议由陈毅挂帅，徐向前、聂荣臻、叶剑英参加，"研究一下国际问题"。在接受任务不到两个月的时间里，四位老帅先后向中央送交了两份研究报告，报告认为：中苏矛盾大于中美矛盾，美苏矛盾大于中苏矛盾；在中、美、苏"大三角"关系中，中国处于战略主动地位。

1970年10月初，尼克松在会见美国《时代》周刊杂志记者时说："如果说我在死以前有什么事情想做的话，那就是到中国去。如果我去不了，我要我的孩子们去。"对尼克松这番话，毛泽东很快做出回应，当年12月18日，毛泽东在他的书房里会见他的美国老朋友埃德加·斯诺。在谈到中美关系时，毛泽东说："如果尼克松愿意来，我愿意和他谈。谈得成也行，谈不成也行；吵架也行，不吵架也行；当作旅行者来也行，当作总统来谈也行。总而言之，都行。"

25日，在毛泽东77岁诞辰前夕，《人民日报》头版在显著位置刊出毛泽东和斯诺在天安门城楼上的合影照片，而从这一版报头右侧《毛主席语录》栏中，我们可以看到："全世界人民包括美国人民都是我们的朋友。"用这种含蓄的方式，中国首次公开回应了美国的和解信号。

尼克松后来回忆道，毛泽东同斯诺所谈欢迎他访华的内容，"我们在几天后就知道了"。正当中美两国领导人频繁传递口信、为实现双方高级会晤做准备的时候，1971年春，中美关系出现了出人意料的突破：3月下旬至4月上旬在日本名古屋举行的第三十一届世界乒乓球赛上，中国邀请美国乒乓球队访华。这件事在当时引起很大轰动，被称为"乒乓外交"。此后，中美高层接触的进程明显加快了。美国总统国家安全事务助理基辛格等相继来

当年乒乓外交的宣传画

华,为尼克松访华打前站。1972年2月21日中午,尼克松总统和夫人、国务卿罗杰斯和总统助理基辛格一行抵达北京机场,开始了对中国的正式访问。

在毛泽东简朴的书房里,开始了这次历史性的会见。两位世界大国领袖的手拨开历史的风云变幻紧紧地握在了一起。在这次会谈中,由毛泽东撇开日常问题,从哲学的高度讨论了中美关系以及世界局势的问题。会谈从开始原定的15分钟最后竟然延长到65分钟。鲜为人知的是,因为毛泽东在一个月前曾因病休克,身体尚未复原,在当时会谈房间的隔壁正有一个医疗小组随时准备对毛泽东进行抢救。但毛泽东的坚强毅力超乎了大家的想象,而他特有的幽默感和敏捷的思维则给到访的美国客人留下了极为深刻的印象。

西方媒体曾将尼克松访华称作"破冰之旅"。而"破冰"的关键人物却是毛泽东,是他用智慧和勇气推开了中美之间关闭了20多年的大门。1971年2月28日,《中华人民共和国和美利坚合众国联合公报》(简称《中美联合会报》)在上海发表。尼克松访华和《中美联合公报》的发表,标志着两国关系开始走向正常化。尽管

1972年2月尼克松访华时赠给毛泽东的烧瓷天鹅

不少问题还有待此后逐步解决，但重要的是，中美关系的突破避免了中国与美苏两国同时对抗，大大减轻了中国的国际压力，更为中国打开全新的外交格局创造了必要前提。

对此，毛泽东说得很透彻："中美关系正常化是一把钥匙。这个问题解决了，其他的问题就迎刃而解了。"

形势的发展果如毛泽东所言。距《中美联合公报》发表只有两个星期，中英两国便签字公布了关于互换大使的联合公报，把两国之间自1954年起建立的代办级外交关系升格为大使级。接着，中国同荷兰、希腊、联邦德国等国家相继正式建交或实现外交关系升格。中国同西方国家的关系出现重大变化。随之而来的，是新中国同邻国日本正式建交。中日关系由此揭开新的篇章。在1972年这一年里，中国先后同18个国家建立外交关系或实现外交机构升格，是新中国成立以来同外国建交最多的一年。

在此后的几年里，毛泽东依然是忙碌的，在他那简朴的书房里，毛泽东会见了世界各国的来访者。虽然年届八旬，但毛泽东仍然是中国独立自主的和平外交战略孜孜不倦的倡导者和力行者。

日本友人 1975 年送给毛泽东的风景画

而在他领导新中国的二十多年里，新中国外交从无到有，从"一边倒"到"广交朋友"，从被封锁遏制到打开局面，最后实现了与 100 多个国家建立了正式的外交关系，所有的这一切为新中国的建设创造了有利环境，奠定了中国外交的新格局，也为我国后来实行对外开放创造了重要条件。对此，邓小平曾这样评价说："我们能在今天的国际环境中着手四个现代化建设，不能不铭记毛泽东同志的功绩。"

也正是在毛泽东时代外交理论与实践成就的基础上，邓小平根据国际形势的新变化，做出了实行改革开放的伟大决策，开启了中国历史的新时代。

第十章

统一大业

1949年，中国人民解放军势如破竹，对英国香港当局造成灭顶之势。香港当局频频向伦敦告急，要求增兵香港。

为了保卫香港，英国政府急将在马来西亚丛林中与马来西亚共产党作战的廓尔喀兵调防香港，并计划将英国驻港兵力增加至4个旅。一时间，香港英军由5000人迅速增加至3万人之众。即便如此，英国人也清楚地知道，凭借这点人马，想抵挡住人民解放军百万大军，不过是以卵击石。是年4月，香港总督在致殖民地大臣的绝密电报中这样指出："共产党人愿意夺取香港的话，英国将无力保卫它。"

为了给自己人打气，同时也为了对共产党人施加影响，香港当局开始了一波大规模的宣传战。他们广泛开动宣传机器，大肆报道英国援军的到来及其现代化的装备，宣称人民解放军需要打一场血流成河及耗费时日的战斗才可以占领香港。这年春天，英国香港政府还提出了一个空前庞大的1949～1950年度预算案，预算总额达到1.8亿多元，其中2600万元是扩充警察实力和建立防卫军的专款。

紫石英号事件惊破了大英帝国的美梦。4月21日，正当人民解放军进行渡江作战之时，紫石英号等4艘英国军舰闯入人民解放军防区，妨碍渡江，并向我军开炮，中英之间的军事冲突骤然爆发。紫石英号等4艘军舰被我军击伤后，狼狈逃窜。

紫石英号事件清楚地向世界宣告：1840年以后，列强在中国长期实行的炮舰政策已经过时，一艘军舰就能把中国人吓得手足无措的时代已经一去不复返了，中国人民已经站起来了。由此看来，阻吓不过是英国人的一厢情愿罢了。

打也不是，撤也不行，怎么办？英国政府一时为此头痛不已。就在英国人惶惑困苦之际，出人意料的是，1949年10月，中国人民解放军第四野战军前锋进抵深圳河以北的布吉地区后，却按兵不动，只派少数保安部队维持边界秩序。共产党的葫芦里到底卖的是什么药呢？

其实，新中国对香港、澳门问题的处理方式，在1949年初，在中国北方的一个小山沟中就已有了腹案。1949年1月，中共中央向党内发出由周恩来起草、毛泽东修改的关于外交工作的指示。指示明确指出："在原则上，帝国主义在华的特权必须取消，中华民族的独立解放必须实现，这种立场是坚定不移的。但是在执行的步骤上，则应按问题的性质及情况，分别处理。凡问题对于中国人民有利而又可能解决者，应提出解决。其尚不可能解决者，则应暂缓解决。凡问题对于中国人民无害或无大害者，即使易于解决，也不必忙于去解决。凡问题尚未研究清楚或解决的时机尚未成熟者，更不可急于去解决。总之，在外交工作方面，我们对于原则性与灵活性应掌握得很恰当，方能站稳立场，灵活机动。"那么，香港和澳门问题是可以暂缓解决的问题吗？

毛泽东对此做出了回答。2月，苏共中央政治局委员米高扬来到西柏坡，代表斯大林探询新中国未来的内外政策。毛泽东与他进行了会谈。在谈及香港和澳门问题时,毛泽东这样说:目前,还有一半的领土尚未解放。大陆上的事情比较好办,把军队开去就行了。海岛上的事情就比较复杂,须要采取另一种灵活的方式去解决,或者采取和平过渡的方式,这就要花较多的时间了。在这种情况下,急于解决香港、澳门的问题,也就没有多大意义了,相反,恐怕利用这两地的原来地位,特别是香港,对于我们发展海外关系,进出口贸易更为有利些。

此时,国共两党军队激战犹酣,但毛泽东的目光已穿越重重的战争硝烟,开始规划新中国的建设蓝图了,而香港、澳门无疑是新中国发展对外贸易和联系海外的重要棋子。

中国军队勒马深圳河这一不寻常的微妙举动,很快被敏感的英国人捕捉到了。为了维护大英帝国在华利益,英国政府不得不调整它的对华政策。1949年11月1日,英国政府在一份内部的备忘录中指出:"联合王国不得不考虑自己在中国的贸易利益,尤其是香港方面的经贸利益,这种利益相当可观而且由来已久。"1950年1月6日,英国政府正式宣布承认中华人民共和国政府,要求与新中国建立外交关系,成为西方国家中第一个与中国共产党领导的人民政权发生"事实上的政治与经济关系",并正式承认中华人民共和国政府的西方大国。美国人所精心构筑的西方阵营的阵线撕开了一个大大的缺口。新中国在掌握中国外交工作主动权的同时,也最大限度地团结了愿意和平的力量,孤立和分化了以美国为首的西方阵营。

中英之间的这一默契,为毛泽东其后实施"暂不收回香港"政策,并对香港实行"长期打算、充分利用"的八字方针铺平了道路。

1956年5月,毛泽东在中国共产党第八次代表大会召开前夕,专程前往南方调研。28日,在广州专门听取广东省委关于港澳问题的汇报时,毛泽东指出:"英国对我们的政策是看见的,它要和我做生意。香港暂时还是不收回来好,我们不急,目前对我们还有好处,现在拿过来不见得有利。"

遵循"长期打算、充分利用"的八字方针，以毛泽东为首的中共第一代领导集体采取了一系列有力的保障措施，维护着香港的稳定和繁荣。每到香港遇到困难之时，祖国大陆总是热情伸出援助之手。

中国政府一直稳定及时地以优惠价格，大量向香港供应日用必需品和食品、淡水、燃料等，即便在大陆经济十分困难的时期，这种供应也从未中断过。1959年1月25日，内参刊载题为《内地对香港副食品供应量减少后所产生的影响》的消息。毛泽东在这条消息旁批示："敦请大家注意并采取相应措施。"

三趟快车运送的鲜活商品

1962年，为满足香港同胞对鲜活商品的需求，经周恩来亲自批准，中国铁道部和外贸部共同筹建了751、753、755三趟快车，按照"优质、适量、均衡、应时"的原则，向香港运送鲜活商品。这三趟快车分别从上海、郑州、武汉始发，除大年初一停开一天外，一年行车364天，每天装载60车皮的货物，源源不断地运往香港。据统计，在香港进口的食品中，从中国大陆进口的比例，从1954年至1963年为43%，1964年至1973年为50%。在价格上，据 1970 年代初的统计，从中国进口食品的价格一般较国际市场价格便宜五成以上，原料便宜三成，服装等消费品便宜二成五。这对香港抑制通货膨胀、降低生产成本、增强商品的竞争能力，起到了重要作用。

三趟快车线路图

淡水缺乏一直是困扰香港经济社会发展的难题。1963 年香港遭遇严重的干旱天气，存水仅够数十天之用，香港社会陷入一片水荒之中。祖国大陆再一次伸出援手，兴建水库，开挖水道，向香港供应淡水。清澈的东江水越山而来，如一条红线，将内地与香港人民的感情紧紧地连在一起。

为解决澳门淡水供应问题，中国政府也花了很大气力。1960 年前，广东清水河每日供澳门淡水 8000 立方米；1960 年后又引珠海竹仙洞水库、香洲大屿山水库等淡水供应澳门，这些淡水被澳门同胞深情地称为"来自祖国的甘露"。

与此同时，香港、澳门也以其独特的方式，为新中国打破西方国家的经济封锁和禁运，提供了很大的便利，发挥了重要的作用。1951年正是朝鲜战争极为紧张的一年，从香港输入的下述物资占全国输入量的百分比为：橡胶，57.63%；钢铁材料，33.18%；药品，75.32%；汽车轮胎，49.08%；棉布，31.42%；化学染料，63.08%。所输入的这些物资一定程度上满足了战争的需要。

香港、澳门作为传统的国际通道，成为新中国通往东南亚、亚非拉和西方世界的窗口，成为新中国的"瞭望台、气象台和桥头堡"，是新中国引进资金、技术的渠道，开展进出口贸易的窗口，沟通中外民间往来的桥梁。

"我们不动它并不是永远不动它，英国现在安心，将来会不安心的。"1963年8月9日，毛泽东会见索马里总理舍马克时这样谈起香港问题。"暂不收回香港"和"长期打算、充分利用"的前提是香港的主权属于中国。

1972年3月8日，中国常驻联合国代表黄华致信联合国非殖民化特别委员会主席，要求把香港和澳门从该委员会所列的殖民地名单中删除。信中说："香港、澳门是属于历史上遗留下来的帝国主义强加于中国的一系列不平等条约的结果。香港和澳门是被英国和葡萄牙当局占领的中国领土的一部分，解决香港、澳门问题完全属于中国主权范围内的问题，根本不属于通常的所谓殖民地范畴。"因此，不应列入反殖民宣言中适用的殖民地区的名单之内。中国政府上述立场得到了国际上的广泛支持。

6月15日，联合国非殖民化特别委员会通过决议，建议联合国大会从殖民地名单中删除香港和澳门。11月8日，第27届联合国大会以决议的方式，采纳了这一建议，在殖民地名单中删除了香港和澳门。决议为我国最终恢复行使对香港和澳门的主权创造了条件，从国际法例上确认了中国对港澳地区的主权，避免了港澳问题的国际化，从而排除了其他国家插手港澳问题的可

英国前首相爱德华·希思

能性。

　　在从国际法的高度为解决香港、澳门问题创造条件的同时，毛泽东对于收回港澳的方式也进行了一定的考虑。1974年5月25日，毛泽东会见来访的英国前首相、保守党领袖希思。在谈到香港的未来时，毛泽东与希思两人均同意："香港在1997年应该有一个平稳的交接。"

　　话语不多，影响深远。

　　在这里，毛泽东对实现香港回归的具体时间和具体方式实际上已经十分明确：时间是1997年；方式是"平稳的交接"，也就是邓小平后来所采用的和平方式。

　　与香港问题较为平稳顺利解决不同，新中国对台湾问题的处理过程，则曲折艰难得多。毛泽东以小小的金门为棋子，下出了一盘维护国家主权和领土完整的大棋。

　　1949年10月，中国人民解放战争已近尾声，人民解放军以"宜将剩勇追穷寇，不可沽名学霸王"的豪情，横扫大陆，台湾国民党当局危如累卵。24日夜，第三野战军第十兵团突袭金门古宁头，意图一鼓而下，为最终武力解放台湾奠定基础。但擅长陆战的人民解放军遇到了渡海作战的新问题。25日晨，当费尽月余收集起的渡海船只，随着古宁头燃起的冲天大火付之一炬之时，"一打金门"的失利已无可避免。

后来，第十兵团司令员叶飞曾这样回忆自己当时的心情："我们手中一条船也没有了，只好徒呼奈何！眼睁睁地看着部队在敌众我寡的情况下奋力坚持而又束手无策，当时的沉痛心情真是难以描述！"

29日，毛泽东致电各野战军，要求"必须以金门岛事件引为深戒"，"务必力戒轻敌急躁"，须有绝对把握时，再行发起攻击。

之后，解放台湾的各项准备工作继续紧张进行，共和国的海军、空军也加快了组建步伐。

1950年6月26日，朝鲜战争爆发。27日，美国对朝鲜半岛的事态迅速做出反应。它的反应，不仅针对朝鲜，也针对中国。美国总统杜鲁门发表声明声称："朝鲜战争爆发说明共产主义已不限于使用颠覆手段来征服独立国家，而且立即会使用武装进攻，这种情况下共产党军队占领台湾，势将直接威胁太平洋区域的安全，并威胁在该地履行合法的必要活动之美国部队。"因此，他"命令美国第七舰队阻止对台湾之任何攻击"。

在共和国海军和空军力量较为弱小的形势下，强行渡海作战，无异于赌博。更加重要的是，美国人直接加入朝鲜战争后，新中国的重工业基地东北面临着直接的战争威胁，两线作战对于新生的共和国来说是不可承受之重。这样，解放台湾的准备工作只能搁置下来。

朝鲜战争一打就是三年，但收回台湾，实现国家领土主权完整的想法从未放下。朝鲜停战后，1953年10月，一份关于攻击金门作战的准备工作计划呈送到了毛泽东的案头。对此，毛泽东并没有急于表态，而是批示要多方征求有关部门负责人

金门岛位置图

意见。

华东军区参谋长张震就这一计划给中央军委写信表明自己的看法。信中列举了目前攻打金门的各种不利因素，并提出两条建议：一是先攻克上下大陈岛，使兵力可以集中使用；二是先修通福建铁路，便于攻取金门、台湾时保证供应，即就经济意义而言，也可使物资得到交流。12月19日，毛泽东批示："此意见可注意。"

这时，有关部门也做出了关于攻击金门作战费用概算。中国人民解放军华东军区司令员陈毅认为：目前不打金门为有利，否则很被动，且无攻克的充分把握。12月22日，毛泽东审阅了这个概算，同意陈毅意见，批示："需费近五万亿元，无法支出，至少一九五四年不应动用如此大笔经费。"休养生息，发展经济是共和国此时最为紧迫的任务。

树欲静而风不止。

这时，不甘心在朝鲜战场上一无所获的美国从反共的现实需要出发，在国际上加紧制造"一中一台"或"两个中国"，明目张胆地实行"放蒋出笼"政策，公开宣布"不再限制国民党军队反攻大陆"。台湾国民党当局则在福建、浙江沿海和山东胶南一带发动了一系列的袭扰和破坏活动。为了寻求靠山,蒋介石提出同美国政府订立《美台共同防御条约》,以便把台湾的安全置于美国的保护之下。

面对台湾问题有可能被国际化的严重事态,毛泽东开始了"二打金门"的筹划。

1954年7月7日,毛泽东在听取和讨论周恩来关于日内瓦会议情况汇报的中共中央政治局扩大会议上指出:"我们要破坏美国跟台湾订条约的可能。"27日,中共中央就解放台湾问题致电周恩来,指出:要"根据这个任务在军事方面、外交方面和宣传方面采取必要措施和进行有效的工作",否则,"我们将犯一个严重的政治错误"。

为了表明中国人民维护国家领土、主权完整的毋庸置疑的决心,并向美国施加压力,1954年9月3日和22日,人民解放军分两次开始连续多日对金门进行惩罚性炮击。炮击金门,打痛了台湾当局,也使美国人慌了手脚。这一行动体现了中国政府维护国家主权的意志和决心,并把台湾问题突出地提到国际社会面前。

炮击金门后,毛泽东和中共中央决定集中力量,首先解放与海运、渔业直接有关的浙江沿海岛屿。经过精心准备,1955年1月18日,中国人民解放军陆海空军三军协同作战,一举解放了位于大陈岛外围的一江山岛。接着于2月下旬,收复了浙江沿海的全部岛屿。

"二打金门"为共和国打出了一个安宁的沿海环境,但炮击的主要目的——破坏美国与台湾订立条约的可能并未达成。1953年12月2日,美国政府不顾中国政府和人民的反对,执意同台湾国民党当局签订了《美台共同防御条约》。这意味着中国人民解放台湾难度的加大。根据新的形势,毛泽东开始考虑把解决台湾问题的工作重点,转移到促成同台湾国民党当局的和平谈判上来。

1955年4月11日，作为中国政府出席亚非会议代表团包机的"克什米尔公主号"，在前往印度尼西亚万隆的途中爆炸坠毁，机上中国和越南代表团工作人员和随同前往的中外记者11人全部遇难。事后查明，这是台湾特务机关针对亚非会议，以周恩来为目标制造的一起政治谋杀案。周恩来因应邀访问缅甸，并未搭乘这一包机。

出人意料的是，4月23日，周恩来在亚非会议期间宣布："中国人民愿意在可能的条件下，争取用和平的方式解放台湾。"这是中国政府第一次向全世界公开提出"和平解放台湾"的方针。周恩来不计前嫌的举动，充分体现了中国政府的和平诚意，在世界范围内赢得了掌声。做出这一决策的正是毛泽东。为了实现祖国早日的统一，毛泽东放弃国共之争，从民族利益的高度，做出了通过和平谈判实现国共第三次合作，以早日统一祖国的决策。

此后，和平解放台湾的工作稳步推进。

1956年1月，毛泽东审改周恩来在全国政协二届二次会议上的政府报告稿时，对关于台湾问题的内容作了修改，指出："我国政府一年来曾经再三指出：除了用战争方式解放台湾以外，还存在着用和平方式解放台湾的可能性。""凡是愿意走和平解放台湾道路的，不管任何人，也不管他们过去犯过多大罪过，中国人民都将宽大对待，不究既往。"

1956年春，毛泽东邀请他的党外老朋友、著名民主人士和学者章士钊先生，亲赴香港找有关人士给蒋介石捎去一封信，发出了进行第三次国共合作、和平解放台湾实现祖国统一的重要信息。信件还将题有"奉化庐墓依然，溪口花草无恙"的照片寄往台湾。这样动情的、意味深长的举动不能不使深察其中玄机的人读之动容。

奉化溪口蒋母墓

　　1957年4月16日，在欢迎苏联最高苏维埃主席团主席伏罗希洛夫的酒会上，毛泽东说："我们还准备进行第三次国共合作。"第二天《人民日报》将这句话作为欢迎酒会报道的标题在第一版登出，一时引起世界的广泛关注。

　　为了进一步向台湾当局传递和谈信息，1956年10月3日，毛泽东同曾在赣南同蒋经国共过事的曹聚仁长谈时，指出：台湾只要同美国断绝关系归还祖国，其他一切都好办。台湾一切可照旧。

　　大陆的和平诚意，却被国民党统统视为"统战阴谋"加以排斥。尤其到了1956年下半年波匈事件发生后，美国对华政策从稍有松动到重新强硬。台湾海峡局势从1957年开始，再次紧张起来。国民党军的飞机深入大陆内地达到云南、贵州、四川、青海等地，空投特务，散发传单，甚至出动飞机到福建沿海轰炸。蒋介石还在金门、马祖一线增加兵力至其地面部队总数的三分之一。

　　面对这样一种形势，毛泽东决定"整家法"，通过炮击金门，直接对蒋，间接对美。"三打金门"掀开了对台斗争中浓墨重彩的篇章。

　　1958年8月23日下午5时30分，猛烈的炮火震动了金门，也震动了整个世界。近 3 万发炮弹倾泻在金门国民党军阵地，金门全岛顿时淹没在浓烟烈焰之中。随后几天的炮击，基本上实现了对金门的封锁。

金门告急！

为了恢复金门海上补给线，美蒋海军组成联合舰队，试图为运输船进行护航。打还是不打？人们将目光再次转向了毛泽东。毛泽东大手一挥，打！联合舰队靠近金门，密集炮火铺天盖地而来，美国军舰弃蒋舰和运输船于不顾，掉头逃遁。美国人"口惠而实不至"的本质暴露无遗。

炮击金门使美蒋在金门、马祖驻防问题上发生了分歧，美国人这时打起了脱身的主意，企图以金、马换台、澎，逼迫蒋介石接受"划峡而治"，实现"一中一台"的图谋。此时，国共矛盾较之民族矛盾已降至第二位。

在这个关头，防止台湾独立成为当务之急。毛泽东审时度势，果断做出继续将金门、马祖留在蒋介石集团手上，金、马、台、澎一起解决的决策。在整个中华民族的大义面前，毛泽东捐弃前嫌，做起了维护蒋介石在台统治的文章。

1958 年 10 月毛泽东以国防部长彭德怀名义起草的公告和命令

10月6日,《人民日报》发表了毛泽东以国防部长彭德怀名义起草的《告台湾同胞书》。在告知书中,毛泽东向台湾国民党当局宣布:从10月6日起,暂以7天为期,停止炮击,你们可以充分地自由地输送供应品。10月13日,毛泽东再次以彭德怀的名义起草了一项命令,将金门炮击,再停两星期,使金门军民同胞得到包括粮食和军事装备在内的充分补给,以利固守。10月25日,毛泽东以国防部长彭德怀的名义又起草了一个《再告台湾同胞书》,宣布对金门军事目标实行隔日炮击,并指出,军民固守所需物资,如有不足,只要你们开口,我们可以供应。

这是古今中外战史上极为罕见的战例,敌对的一方明确向另一方告知何时炮击,并提出供应战争所需物资。这种炮击方式让世界都摸不着头脑。

对于隔日炮击的做法,1959年5月10日,毛泽东在同德意志民主共和国人民议院代表团谈话时这样解释道:"我们打金、马是为了帮助蒋介石,因为美国想把金、马让给我们,自己占据台湾。我们放弃金、马,都给蒋介石。蒋介石一困难,我们就打金、马,美国就可以让蒋介石继续做总统。"

金门炮战是维护民族大义之举,毛泽东以其超人的政治智慧,打了一场击破美国搞"两个中国"阴谋的政治仗。

此后,炮击的硝烟在台海上空飘荡了近20年。1978年中美建交,被毛泽东形象地称为套在美国人脖子上绞索的炮击停止。毛泽东正是通过这一炮击行动,保持着同国民党的接触,同时向全世界表明中国的内战仍在继续,借以宣示中国对台湾的主权。

打是为了更好地和。

1958年10月13日,在金门炮击期间,毛泽东再次会见了曹聚仁。毛泽东告诉他:"我们的方针是孤立美国。只要蒋氏父子能抵制美国,我们可以同他合作。只要不同美国搞在一起,台、澎、金、马都可由蒋管,可管多少年。"这时,一同参加会见的章士钊插话说:"这样,美援会断绝。"毛泽东说:"我们全部供应。他的军队可以保存,我不压迫他裁兵,不要他简政,让他搞三民主义,反共在他那里反,但不要派飞机、派特务来捣乱。他不来白色特务,我也不去红色特务。"曹聚仁问:"台湾有人问生活方式怎样?"毛泽东说:"照他们自己的生活方式。"

此后,毛泽东的这次谈话精神被周恩来概括成为"一纲四目",于1963年初通过张治中致陈诚的信转达给台湾当局。"一纲"是:"只要台湾归回祖国,其他一切问题悉尊重总裁(指蒋介石)与兄(指陈诚)意见妥善处理。""四目"是:"台湾归回祖国后,除外交必须统一于中央外,所有军政大权人事安排等悉由总裁与兄全权处理;所有军政及建设费用,不足之数,悉由中央拨付;台湾之社会改革,可以从缓,必俟条件成熟,并尊重总裁与兄意见协商决定,然后进行;双方互约不派人进行破坏对方团结之事。"

"一纲"的本质就是坚持一个中国的原则;"四目"的条款对台湾当局已做到了当时历史条件下的最大宽松和兼容,包含着海峡两岸和平统一后暂时实行两种不同制度的初步设想,也因此成为"一国两制"理论逻辑发展的原始点,并在内容上构筑了"一国两制"的基本框架。

解铃还需系铃人。台湾问题长期未得到根本解决的症结在于美国的阻挠,台湾问题也因此成为中美关系中最核心的问题。1960年代末1970年代初,随着国际战略格局的变化,中美开始着手解决相互之间的紧张关系。这也为台湾问题的解决提供了新的契机。

1972年2月,美国总统尼克松访华。台湾问题是双方争执的焦点。经过艰苦谈判,《中美联合公报》于28日发表。在公报中,美方声明:"美国认识到,在台湾海峡两边的所有中国人都认为只有一个中国,台湾是中国的一部分。美国政府对这一立场不提出异议。""它确认从台湾撤出全部美国武装力量和军事设施的最终目标。在此期间，它将随着这个地区紧张局势的缓和逐步减少它在台湾的武装力量和军事设施。"《中美联合公报》的发表意味着"一个中国"原则首次为美方所承认。

中美关系正常化过程的开始，为中国与国际隔离局面的打破创造了有利的条件。随着中华人民共和国进入联合国，并已与世界绝大部分国家建立了外交关系，台湾是中国领土的一部分已为世界各国所广泛接受，"一个中国"的原则成为国际社会的普遍共识。这为中国政府在适当的时机完全解决台湾问题提供了坚实的国际条件。

遗憾的是，在毛泽东的有生之年，祖国的统一大业没能在他手中完成，但毛泽东所提出的和平解放台湾设想的基本要点，如台湾是中国领土的一部分；世界上只有一个中国；和平解决台湾问题；台湾和祖国大陆统一后，台湾的生活可以照旧，台湾的社会制度不变；不承诺放弃武力解决台湾问题；等等，仍在今天产生着深刻的影响。

邓小平，以其特有的睿智，在毛泽东所开创的道路上，创造性地提出了"一国两制"解决台湾问题的新构想，并率先在解决香港和澳门问题上成功付诸实践。

1997年香港回归仪式

1997年7月1日,中华人民共和国国旗第一次在香港的土地上升起;1999年12月20日,澳门也回到祖国的怀抱。通过谈判,和平解决香港和澳门问题成为现实。

明月依旧在,何时彩云归。

香港、澳门已回归祖国,台湾的回归还会远吗?

海峡两岸的炎黄子孙在翘首企盼这一天的早日到来!

第十一章

万家忧乐

　　1950年8月5日，一份灾情报告送到毛泽东的案头。原来安徽、河南交界连降大雨，淮北地区遭受了严重的水灾。报告中写道："淮北20个县、淮南沿岸7个县均受淹。被淹田亩总计3100万亩，占皖北全区1/2强。房屋被冲倒或淹塌而已报告者80余万间，其中不少是全村沉没。耕牛、农具损失极重（群众口粮也被淹没）。由于水势凶猛，来不及逃走，或攀登树上，失足坠水（有在树上被毒蛇咬死者），或船小浪大，翻船而死者，统计489人。"

　　毛泽东一边看报告，一边用铅笔在"被毒蛇咬死者"和"统计489人"等触目惊心处画上横线。仿佛老百姓受苦的情景就在眼前，他心情异常沉重，泪水不由自主地滴落下来，打湿了报告。

　　毛泽东立即批示周恩来："请令水利部限日作出导淮计划"，"秋初即开始动工"。在这前后两个月时间内，毛泽东又就治淮问题作了四次批示，毅然在国家财力极其困难，国民经济亟待恢复，抗美援朝战争已经打响的情况下，做出了根治淮河的决策。

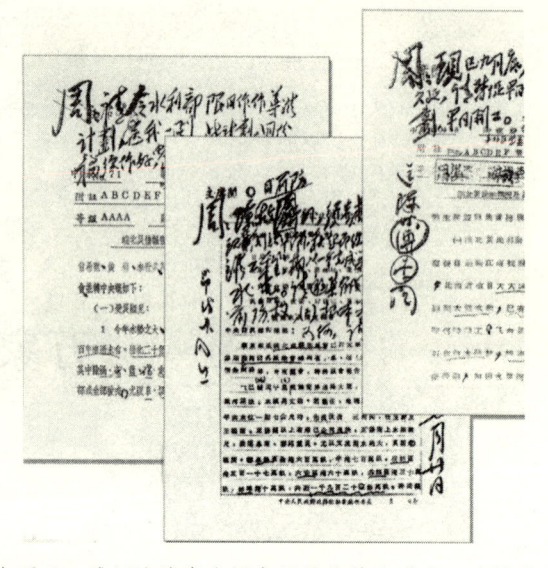

1950年夏天，淮河流域发生历史罕见的特大洪灾，人民生活受到严重影响；同年7月，毛泽东提出要考虑根治淮河的办法。随后，他又多次就治理淮河问题作了重要批示。图为毛泽东批示的部分文件

在革命战争年代，毛泽东曾对贺子珍说："我这个人平时不爱落泪，只在三种情况下流过泪：一是我听不得穷苦老百姓的哭声，看到他们受苦，我忍不住要掉泪……"新中国成立后，毛泽东的眼泪仍然是为百姓的冷暖疾苦而流，他把人民的解放和幸福当作终生奋斗的目标，他的悲喜情感始终连着万家忧乐。

开国大典过后的一天，上海市市长陈毅应约来到中南海毛泽东住所。谈话中，陈毅汇报了上海市控制通货膨胀、恢复经济建设的情况，他特别讲到了16万失业人员的现状。对此，毛泽东十分关注。

新中国成立之初，失业问题很严重，上海只是其中一个典型。全国失业工人、手工业者和失业知识分子高达400多万，还有国民党政府遗留在大陆的900万公职人员有待安置。而这一年全国很多地方发生水灾或旱灾，受灾面积达1亿多亩，灾民约

4000万人。1950年，又发生了大范围的春荒。

一方面是大量需要救济帮助的人，另一方面是窘困的经济状况，人们都在猜测，这种严峻形势下，毛泽东会做出怎样的决定。

1950年2月27日，中央人民政府设立救灾委员会，专门收容和安置无家可归者。6月6日，毛泽东在党的七届三中全会上作了题为《为争取国家财政经济状况的基本好转而斗争》的报告。在这个关系全局的报告中，毛泽东特别强调了社会救济工作："必须认真地进行对于失业工人和失业知识分子的救济工作、有步骤地帮助失业者就业。必须继续认真地进行对于灾民的救济工作。"

根据毛泽东的指示，人民政府采取了灵活多样的救助措施。对于灾民，采取"生产自救，节约度荒，群众互助，以工代赈，并辅之以必要的救济"的灾害救济方针；对于失业工人，主要采取以工代赈的救济办法，并辅之以生产自救、转业训练、还乡生产、发给救济金等办法。由于政策对路、措施得力，基本保证了灾民的温饱，减轻了很多失业工人的生活困难。

然而，问题并没有得到全面解决，1950年6月17日政务院颁布的《救济失业工人暂行办法》把救济范围主要限定在新中国成立后失业的工人中，而新中国成立前失业工人的困难没有得到解决。8月30日，中共上海市委在给中央及华东局的报告中提出，在救济失业工人的工作中，有相当一部分新中国成立前失业的工人生活极为困难，急需救济。看到这一报告后，9月9日毛泽东批示：

（一）此件可转发各地参考。（二）请考虑发一通知，叫各地调查解放前失业工人究有多少，以便考虑包括这批失业工人的救济问题。我意只要有可能，他们是应当救济的。如果不太多，譬如说只有几十万人，是可以考虑救济的。

毛泽东的指示发到各地后，各地及时客观地上报调查情况。11月21日，中共中央在《关于失业救济问题的总结及指示》中指出："原定是解放后失业的工人，现在决定改变这一点，即现在所有失业的工人职员及失业知识分子，除特务分子及反动有据者外，不问从什么时候起失业，均一律予以救济。"救济范围的扩大，让身处困境的人们都真切感受到了共产党、毛主席的温暖，增强了战胜困难的信心。

　　渡过了暂时的难关，毛泽东还在思考人民长久保障的问题。在他督促下，1951年2月26日，政务院颁布实施《中华人民共和国劳动保险条例》，这是我国第一部全国统一的社会保险法规。条例对生、老、病、死、伤残、医疗和集体保险等作了具体规定。

《中华人民共和国劳动保险条例》

　　人民群众首次尝到了新中国社会保障所带来的幸福。大家普遍反映"新社会就是好，生老病死有劳保"。许多职工把劳动保险比作农民在土改中分得的土地。

1954年，毛泽东主持制定的《中华人民共和国宪法》明确规定："中华人民共和国劳动者在年老、疾病或者丧失劳动能力的时候，有获得物质帮助的权利。国家举办社会保险、社会救济和群众卫生事业，并且逐步扩大这些设施，以保证劳动者享受这种权利。"《中华人民共和国宪法》以根本大法的形式确立了社会保障在人民生活中的地位和作用，标志着我国社会保障法律制度已初步建立。

在毛泽东的关心重视下，我国先后颁布了社会救济、社会福利、社会保险、医疗保险和优抚条例等相关法规；成立了劳动部和民政部等机构；建立了城镇养老、医疗和工伤保险以及农村的五保制度；兴办了各种类型的福利设施……一个新的庞大的社会福利体系逐渐建立并形成，给中国人民带来了过去从未有过的安全感和幸福感。

在江西省余江县境内有一条白塔河，它穿县城而过。看似普通的白塔河在20世纪50年代末曾是全国闻名的"血防样板渠"，是为消灭血吸虫人工挖掘的一条河。

现在余江县的老百姓安居乐业，日子越过越好，闲暇时到白塔河边散步、垂钓。然而，新中国成立前的余江完全是另外一幅景象，那时随处可见大肚子的血吸虫病人，大片土地荒芜，家园破败。血吸虫病，是一种人畜共患的寄生虫病，病虫寄生在钉螺上，人们在有钉螺的水中劳动时，病虫就会钻入人体。人一旦得了血吸虫病，不仅肚子会变大，还体虚无力，死亡率很高。据《余江县血防史志》记载：从1919年到1949年，余江近3万人死于血吸虫病。

新中国成立初期，江西、湖南、湖北等12省都有血吸虫肆虐，患病人数达1100万人以上。因血吸虫病而家破人亡的例子比比皆是，一些地方甚至出现无人村、无人乡。这种情况让毛泽东十分焦虑。

1953年9月，毛泽东接到最高人民法院院长沈钧儒反映血吸虫病等情况的来信，明确回复："血吸虫危害甚大，必须着重防治。"并将来信转给当时的政务院文教委员会负责同志处理。卫生部门也加强了调查研究和防治措施，做了许多工作。1955年冬天，毛泽东在杭州召集华东、中南地区省委书记开会研究农业问题时，专门请卫生部门的负责人到会，一起研究血吸虫病的防治工作。毛泽东在会上严肃地指出，有这么多农民患血吸虫病，流行的地区又那么大，要充分认识到血吸虫病的危害性，我们一定要消灭血吸虫病。他还就防治办法做了指示：要充分发挥科学家的作用，要研究更有效的防治药物和办法。要发动群众，要使科学技术和群众运动相结合。要在党委统一领导下，全面规划，党内要成立血吸虫病防治领导小组。毛泽东还提出，将原定15年消灭血吸虫病的计划，改为7年。根据毛泽东的这一指示，后来制订了"一年准备，四年战斗，两年扫尾"的消灭血吸虫病计划。1956年1月23日，中共中央政治局讨论通过了《一九五六年到一九五七年全国农业发展纲要（草案）》，把防治和基本消灭危害人民严重的疾病，首先是消灭血吸虫病，作为一项重要内容。2月17日，毛泽东在最高国务会议上又发出"全党动员，全民动员，消灭血吸虫病"的号召。

　　按照毛泽东的指示，有血吸虫病流行的各省、市、地、县都建立了血吸虫病领导小组和防治机构，轰轰烈烈的防治运动由此展开。在余江县，中央派来了专家组，江西省卫生厅派来了医生，免费为群众治病。县委第一书记亲自指挥，广大群众踊跃参加，开新沟新塘，填旧沟旧塘，消灭钉螺。

　　1958年6月30日，毛泽东像往常一样拿起《人民日报》，上面的一篇通讯《第一面红旗——记江西余江县根本消灭血吸虫病的经过》吸引了他的目光。读报后，他为之振奋，夜不能寐，写下了著名的诗篇《七律二首·送瘟神》：

余江人民消灭血吸虫场景

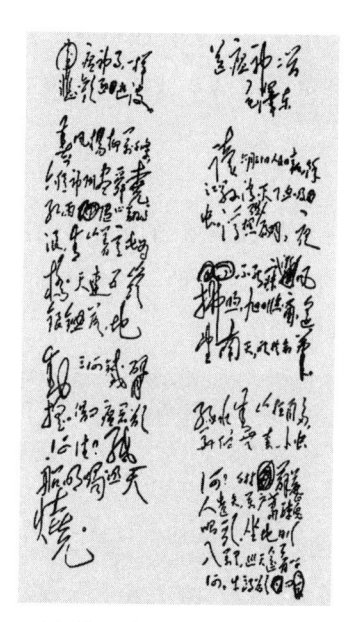

《七律二首·送瘟神》手迹

绿水青山枉自多,华佗无奈小虫何!
千村薜荔人遗矢,万户萧疏鬼唱歌。
坐地日行八万里,巡天遥看一千河。
牛郎欲问瘟神事,一样悲欢逐逝波。

春风杨柳万千条,六亿神州尽舜尧。
红雨随心翻作浪,青山着意化为桥。
天连五岭银锄落,地动三河铁臂摇。
借问瘟君欲何往,纸船明烛照天烧。

诗词发表后,不仅将血吸虫病的防治工作推向了高潮,同时也激发了人民群众参与卫生防疫工作的巨大热情。

在毛泽东的高度重视和大力倡导下,新中国的卫生防疫工作始终贯彻"预防为主"的方针,逐渐步入制度化、规范化管理;爱国卫生运动也大张旗鼓开展起来,并得到常年坚持。新中国由此创造了一个又一个世界医学卫生史上的奇迹:新中国成立初期,流行多年的霍乱在我国绝迹;1955年,鼠疫基本得到控制;1959年;性病在全国范围内基本被消灭;20世纪60年代初,天花已告灭绝……

在北京东交民巷坐落着一所国内知名的医院——北京医院,院名是毛泽东1950年亲笔题写的。这所医院曾经得到过毛泽东的关心,也受到过他的严厉批评。

北京医院外景

北京医院是德国人于1905年创办的，新中国成立后由人民政府接收，后来被指定为中央领导的保健医院。北京医院成为中南海的定点医院后，主要为高级干部看病，一般平民百姓来看病就难了，老百姓对此有不少意见。毛泽东知道后非常气愤，1964年8月，他在卫生部党组《关于改进高级干部保健工作报告》的批语中写道："北京医院医生多，病人少，是个老爷医院，应当开放。"在毛泽东的督促下，北京医院进行了改革，改称"东单医院"，并取消了专门承担高级干部医疗的任务。同时，中央决定在全国范围内撤销专为高级干部设立的保健机构，所有医院一律向群众开放。

毛泽东对医疗卫生工作还有一次很严厉批评，这次被批的对象直指中央人民政府卫生部。

新中国成立后，尽管政府对农村采取了很多医疗卫生优惠政策，但由于国家经济条件和农村实际情况的限制，农村的医疗卫生条件还是和城市无法相提并论，农民看病难的问题一直没有得到有效解决。

对此，毛泽东极为不满。他内心积压的火气终于在1965年6月26日爆发了。这一天，他听取卫生部的汇报，当听到全国医务人员分布情况时，严厉地说："卫生部只给全国人口的15%工作，而且这15%中主要是老爷，广大农民得不到医疗，一无医，二无药。""应该把医疗卫生工作的重点放到农村去！"

这就是著名的"六·二六"指示。指示下发后，中国的医疗卫生工作发生了一系列改变。

大批城市医务工作者下乡，身背药箱，肩挑医疗器械，走村串户，为农民送医送药。很多知名的专家也纷纷下乡，在为群众看病的同时，手把手地辅导农村卫生工作人员，提高他们的技术水平。巡回医疗队培训出的赤脚医生，成为了为农民提供初级医疗服务的主要力量。

"六二六"指示后，卫生部开始进行农村合作医疗的试点。

赤脚医生为农村孩子看病

1968年底,毛泽东批发了湖北省长阳县乐园人民公社举办合作医疗的经验。《深受贫下中农欢迎的合作医疗制度》一文在12月5日《人民日报》上发表,进一步掀起了农村合作医疗的热潮。

到1976年,全国有85%的生产大队实行了合作医疗,赤脚医生数量一度达到150多万人,一定程度上改变了中国农村"看病难,看病贵"的状况。

20世纪70年代末,世界卫生组织高级官员到中国农村实地考察,把中国农村的合作医疗制度称为"发展中国家解决卫生保障的唯一典范"。

在许多中国人的记忆里,广播体操是一段温馨的回忆。每到上午10点,人们放下手头的工作,集中到一起,随着广播乐曲做操。这个习惯很多人保持至今。广播体操的流行,也与毛泽东的大力倡导分不开。

1952年6月10日,中华体育总会正式成立,毛泽东亲笔题词"发展体育运动,增强人民体质",向全国人民发出了发展体育运动的号召,强调体育锻炼的根本目的是增强人民体质。

健身强国,是毛泽东从青年时期就建立起的体育观。1917年,他在《体育之研究》一文中开篇即说:"国力苶弱,武风不振,民族之体质日趋轻细,此甚可忧之现象也。"指出了当时我国饱受列强欺压、民不聊生的重要原因之一就是国民体质不强。

新中国成立后,毛泽东非常关心和支持人民体育事业的发展。1953年6月23日,在中共中央讨论体育工作时,毛泽东特别提醒全党注意:"体育是关系六亿人民健康的大事。"1954年4月1日,毛泽东主持中央政治局会议,讨论并批准了中央体委《关于加强人民体育运动工作的报告》。党中央在批转这个报告时指出:"改善人民的健康状况,增强人民体质,是党的一项重要政治任务。"1960年3月18日,毛泽东对体育工作再次发出指示:"凡能做到的,都要提倡做体操,打球类,跑跑步,爬山,游水,打太极拳及各种各色的体育运动。"

作为党和国家的最高领导人,毛泽东工作十分繁忙,但他总是挤出时间参加国家体委组织的重大活动,还多次接见在赛场上取得优异成绩的运动员。为了引领风气,他带头参加体育锻炼。游泳是他最喜爱的体育项目,他感觉到游泳的益处,由此想到了群众,提出:"全国的江河这样多,能不能都利用起来游泳呢?全国六亿人口,能不能有三亿人口都来游泳?"在毛泽东的带动下,全国掀起了游泳热。

体操也是毛泽东积极倡导的体育运动之一。早年在《体育之研究》中他就详细介绍了自创的六段体操。徒手操对于缺少场地和器械的中国百姓来说,是一项十分适宜的健身活动。1951年12月,第一套广播体操正式开始推行。全国各地的广播电台每天定时播放广播体操节目,许多机关、工厂、学校先后建立了广播体操制度。群众的积极性很高,曾出现"领导带头,人人做操,天天坚持"的热烈场面。当时有个口号:"人人都锻炼,天天上操场,为祖国健康工作50年。"

毛泽东对青年学生参加体育活动十分关心。新中国成立初

1951年12月1日，上海南洋模范中学的学生在做第一套广播体操

期，他曾两次写信给当时的教育部长马叙伦，要求减轻学生课业负担，提出"健康第一，学习第二"的方针。1953年，毛泽东在团中央一次会议上，更明确提出，要把学生培养成"身体好、学习好、工作好"的三好学生。1957年，毛泽东在《关于正确处理人民内部矛盾》中明确提出："我们的教育方针，应该使受教育者在德育、智育、体育几方面都得到发展，成为有社会主义觉悟的有文化的劳动者。"

把体育与德育、智育并列，作为教育方针的重要组成部分，这在我国近代教育史和体育史上还是第一次。新中国体育由此获得了坚实的发展基础。

在毛泽东众多的照片中有一张1957年女青年为他点烟的照片。虽然时隔多年，但这张照片中那融洽和谐的气氛仍让人心动。从女青年们的崇敬的目光和幸福的笑容中可以看出，她们对毛泽东的爱戴是发自内心的。因为是共产党和毛泽东改变了中国妇女的命运，使她们拥有了前所未有的自强和自信。

1950年，中央人民政府主席毛泽东发布命令，颁布了新中国成立后的第一部法律《中华人民共和国婚姻法》（简称《婚姻法》）。《婚姻法》规定废除包办婚姻和一夫多妻制，实行婚姻自由和一夫一妻制，提倡男女平等。

第十一章
万家忧乐

毛泽东和青年团三大代表在一起（1957年）

评剧《刘巧儿》唱出了那个年代不少姑娘的心声，她们终于可以摆脱"父母之命""媒妁之言"封建婚姻制度的束缚，自主选择心仪的对象，决定自己的婚姻。

更让妇女们欣喜的是，她们获得了参加生产和政治活动的机会，社会地位有了显著提高。1949年7月20日，为迎接新中国的到来，《新中国妇女》创刊，毛泽东欣然挥毫为该刊题词："团结起来，参加生产和政治活动，改善妇女的经济地位和政治地位。"

在党和政府的培养、帮助下，第一批女飞行员、第一批女拖拉机手、第一批女劳模等相继出现在人们的视线中。更多的妇女以她们为榜样，纷纷走出家庭的狭小天地，投身生产劳动，在社会的大舞台上证明自己的贡献和价值。

1952年春，申纪兰带头动员和组织妇女参加社里劳动，在一个封闭贫瘠的小山沟带领广大妇女和男村民开展劳动竞赛，在全国率先实行男女同工同酬。此后，同工同酬在全国逐步推行，并得到了毛泽东的热情支持。1955年，毛泽东在《妇女走上了劳动战线》一文的按语中指出："在生产中，必须实现男女同工同酬，真正的男女平等,只有在整个社会的社会主义改造过程中才能实现。"

广大妇女不仅在经济上获得独立,在政治上也获得了与男子平等的权利。1956年,毛泽东在接见南斯拉夫妇女代表团时,说了一段非常有意思的话:"我们全国人民代表大会的代表中的12%是女同志。在基层人民代表大会中,女同志占17%……将来女同志的比例至少要和男同志一样,各占50%。如女同志的比例超过了男同志,也没有什么坏处。"

在毛泽东的关怀下,新中国妇女运动蓬勃发展,妇女的社会地位大大提高,在各条战线上展示自己的能力与风采,充分发挥了"半边天"的作用。1961年2月,毛泽东兴致勃勃地写下《七绝·为女民兵题照》:

飒爽英姿五尺枪,
曙光初照演兵场。
中华儿女多奇志,
不爱红装爱武装。

这首诗是对精神抖擞、意气风发女民兵形象的真实描绘,也是对整个新中国妇女精神面貌的生动写照。

"黑格隆冬天上,出呀出星星。黑板上写字,放呀么放光明。什么字,放光明?学习,学习二字我认得清。"

20世纪50年代,这首《夫妻识字》曾在大江南北风靡一时。那时,无数人就是唱着这首歌,走进了扫盲班的课堂。

新中国成立前,读书识字是官僚贵族有钱人才能做到的事。对于穷苦百姓来说,那是种遥不可及的奢望。新中国成立初期,全国5.5亿人口中80%是文盲,农村的文盲率更高达95%以上,有的地方甚至十里八村也找不出一个识文断字的人来。全国学龄儿童入学率只有20%。

一生主张平民教育的毛泽东,不能容许这种情况的继续存在。

早在1945年,毛泽东在《论联合政府》中就提出:"从百分之八十的人口中扫除文盲,是新中国的一项重要工作。"1950年,《人民教育》杂志创刊,毛泽东给杂志题词:"恢复和发展人民教育是当前重要任务之一。"1950年9月,教育部和全国总工会联合召开第一次工农教育会议。会议明确指出:"推行识字教育,逐步减少文盲。"在会议召开期间,毛泽东亲临现场,还与到会的学习模范亲切握手、合影,使与会代表受到极大鼓舞。此后,一场"政府领导、依靠群众组织"的识字扫盲运动在全国开展起来。

为了尽快提高识字水平,一位名叫祁建华的部队文化教员创造了一套"速成识字法"。1952年,教育部和全国总工会分别发文向全国推广。

为了把更多迫切学习文化的人组织起来,多种多样的学习方式被创造出来:工厂的车间学校、煤矿的坑口学习小组、农村的地头学习小组、妇女的炕头学习小组等。

为了解决师资短缺的难题,提出"以民教民"的方针,提倡"十字先生""百字先生""亲教亲,邻教邻,夫妻识字,爱人教爱人,儿子教父亲"。

饱尝不识字苦恼的人们特别珍惜学习的机会,以高涨的热情投入到学习文化的浪潮中。

从1950年开始,全国性的扫盲运动在农村和城市大规模地推展开来

尽管扫盲运动取得了明显的效果，但距离毛泽东普遍提高人民的文化水平的目标还相距甚远。1955年9月，毛泽东看到了《山东莒南县高家柳沟村青年团支部创办记工学习班的经验》，十分欣喜地表示："这个经验应当普遍推行。"在这份报告的按语中，毛泽东指出："列宁说过：'在一个文盲充斥的国家内，是建成不了共产主义社会的。'我国现在文盲这样多，而社会主义的建设又不能等到消灭了文盲以后才去开始进行，这就产生了一个尖锐的矛盾。现在我国不仅有许多到了学习年龄的儿童没有学校可进，而且还有一大批超过学龄的少年和青年也没有学校可进，成年人更不待说了。这个严重的问题必须在农业合作化中才能解决，也只有在农业合作化的过程中才能解决。"在党的七届六中全会上毛泽东又说："扫盲运动，我看要扫起来才好。有些地方把扫盲运动扫掉了，这不好。要在合作化中间把文盲扫掉，不是把扫盲运动扫掉，不是扫扫盲，而是扫盲。"1955年12月21日，毛泽东亲自制订了"每人必须认识1500到2000个字"的扫盲标准。

在毛泽东的重视下，扫盲运动长年坚持，热潮不断，以多种形式的培训教育，给很多人的生活带来了意想不到的可喜改变。1964年，我国对国民的文化素质进行了一次全面调查，结果显示，15岁以上人口的文盲率，已经由新中国成立初期的80%下降到了52%，1亿多人摘掉了文盲的帽子。

教育要真正实现普及，必须保证教育公平。1952年，北京市委一份报告引起了毛泽东的重视。报告说，目前中小学生所负担的费用，对于劳动人民的家庭和低薪制工作人员来说，是相当重的。建议接管全部私立中小学，公私立中小学一律免收学杂费。报告还反映了干部子弟学校待遇标准不一致的问题。毛泽东对此做了明确批示："如有可能，应全部接管私立中小学。干部子弟学校，第一步应划一待遇，不得再分等级；第二步，废除这种贵族学校，与人民子弟合一。"

新中国的教育方针贯彻了毛泽东教育普及和平等的理念，不同性别、民族、身份的人们，因而享有同等的受教育权利、义务和同等的受教育机会。"有教无类"，孔子在几千年前就提出的教育理想，在 20 世纪的中国大地上，才开始变成现实。

在天安门广场上经常可以看见一道特殊的风景线。人们排成的队列蜿蜒盘旋，足有一二公里长，缓缓向前，一直通向毛主席纪念堂。30 多年间有 1.8 亿人走进瞻仰的队列。

时间没有抹去关于他的记忆，这位心中总是装着万家忧乐的人民领袖，仍然被人民所深深爱戴和怀念。

他当年忧虑的民生问题，今天很大程度上已经得到解决。当历史的车轮进入 21 世纪，人民群众的生活水平显著提高，教育、医疗、体育、福利等社会事业都有了长足的发展。"以人为本，执政为民"，已经成为中国共产党在新的历史条件下坚持的执政理念。

尽管受社会主义初级阶段种种客观条件限制，"学有所教、劳有所得、病有所医、老有所养、住有所居"的目标还没有充分实现，但这个目标已被写入党的"十八大"报告，写入国家"十二五"规划。人们可以真切地感受到，小康的幸福就在不远的未来。

第十二章

执政为民

1949年10月,毛泽东的儿子毛岸英收到一封来自湖南老家亲人的信,信中提到杨开智想在长沙谋取一个厅长职位,请求毛岸英帮忙。杨开智就是杨开慧的哥哥,毛岸英的亲舅舅。

在父亲的授意下,毛岸英给舅舅回了一封长达3000多字的信。信中说:"新中国之所以不同于旧中国,共产党之所以不同于国民党,毛泽东之所以不同于蒋介石,毛泽东的子女妻舅之所以不同于蒋介石的子女妻舅,除了其他更基本的原因以外,正在于此。皇亲贵戚仗势发财,少数人统治多数人的时代已经一去不复返了","共产党有的是另一种'人情',那便是对人民的无限热爱,对劳苦大众的无限热爱"。

这封信不仅对毛泽东的权力观作了准确而透彻的诠释,更为共产党人在执政条件下如何正确行使权力给出了答案。

1949年3月23日,毛泽东走出西柏坡他居住的小院,踏上了进京之路。上车前,他意味深长地提醒身边的周恩来:今天可是我们进京赶考的日子。周恩来说,我们要考试及格,不能退回来。毛泽东坚定地说:我们决不当李自成,我们一定要考出个好成绩!

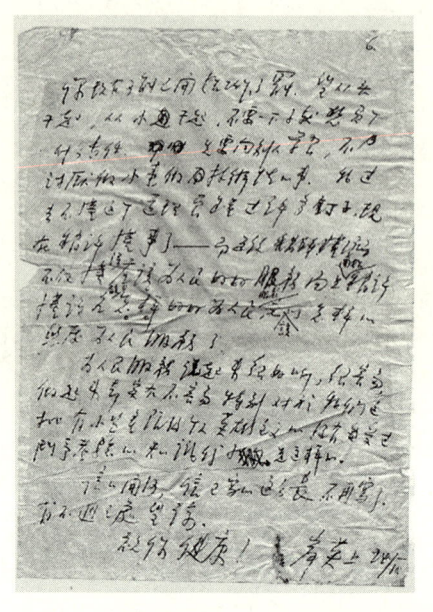

1949年毛岸英给表舅向三立信的最后一页

在革命即将取得全国胜利的时候，毛泽东常常提起的一个历史人物，那就是明末农民起义领袖李自成。他希望全党把李自成进北京后因骄傲而失败的教训作为前车之鉴，牢牢记取。在中国共产党七届二中全会上，毛泽东告诫全党："可能有这样一些共产党人，他们是不曾被拿枪的敌人征服过的，他们在这些敌人面前不愧英雄的称号；但是经不起人们用糖衣裹着的炮弹的攻击，他们在糖弹面前要打败仗。我们必须预防这种情况。""务必使同志们继续地保持谦虚、谨慎、不骄、不躁的作风，务必使同志们继续地保持艰苦奋斗的作风。"

经毛泽东提议，七届二中全会还在党内做出六条规定：一、不给党的领导者祝寿；二、不送礼；三、少敬酒；四、少拍掌；五、不用党的领导者的名字作地名、街名和企业的名字；六、不要把中国同志和马、恩、列、斯平列。

事实证明，毛泽东的警告是非常必要的。

1950年2月，毛泽东访苏归来，到哈尔滨视察。哈尔滨市设宴招待，大鱼大肉摆了一桌子，还有熊掌、飞龙等珍稀美味。因为有越南客人胡志明在座，毛泽东当场没说什么。回到住地，他对身边的卫士说："这样好的饭有没有必要啊？没有必要嘛！我们国家现在这么穷，搞得这么丰富干什么！你去交代一下，从明天开始，还按我们在家的标准去办。"第二天，饭菜从简，毛泽东吃得很高兴。后来，到了沈阳，饭菜比哈尔滨安排得还好。毛泽东这下生气了，接见干部时专门讲了这个事。他说："我是不学李自成的，你们要学刘宗敏，我劝你们不要学。二中全会刚刚开完，就忘了。我们还要继续贯彻二中全会的精神。我们不能这样做。"

毛泽东在离开松江时，留下了"不要沾染官僚主义作风"的题词，显示了他在党风建设上防微杜渐的决心。

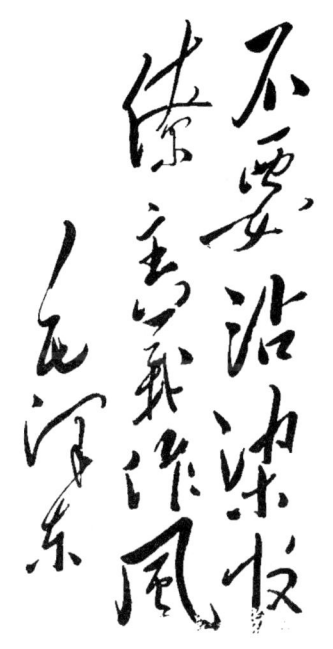

1950 年毛泽东为松江省委题词

针对革命胜利后一些党员干部中出现的骄傲自满情绪和官僚主义、命令主义等问题，从 1950 年 5 月开始，毛泽东领导全党开展了新中国成立后第一次整风运动。

1950年5月1日,中共中央发出《关于在全党全军开展整风运动的指示》。指示发出后,24日,毛泽东在给他的秘书胡乔木的信中强调整风的重要性:"全党整风运动即将开始,这件事已成当前一切工作向前推进的中心环节。这一环节不解决,各项工作便不能顺利地向前推进了。"

整风运动初步解决了工作作风方面的问题,但还来不及解决党内思想不纯和组织不纯等问题。从1951年下半年开始,毛泽东又领导开展了以整顿党的基层组织为主要任务的整党运动。

整党运动的成果是丰硕的。截至1953年6月底,共有32.8万人离开了党组织,其中,属于混入党内的各种坏分子和蜕化变质分子的23.8万人被清除出党,9万余人不够党员条件自愿或被劝告退党。同时,全国共新建8.2万个党支部,吸收107万名新党员。

《毛泽东选集》(四卷本)

在开展整党运动的同时,毛泽东对党员的思想入党工作丝毫没有放松。为了提高全党的马克思列宁主义理论水平,适应广大干部群众学习的需要,毛泽东将编辑《毛泽东选集》的工作提上了日程。

1951年初,毛泽东向中央请了假,来到石家庄西郊的一所保育院。这里虽然陈设简陋,但环境很是幽静,适合编书。

毛泽东在这里住了两个月,修改审定了《毛泽东选集》的大部分选稿,并为一部分文章写了题解和注释。毛泽东选稿极为严格。约100万字的清样稿,被他选掉了一大批。

经过辛勤的工作,1951年10月,《毛泽东选集》第一卷出版,接着又分别于1952年4月、1953年4月和1960年9月,出版了第二、三、四卷。这是新中国成立初期进行的一项基本理论建设,是新中国成立初期党和国家政治生活中的一件大事,对于加强全党的马列主义、毛泽东思想的学习、宣传和教育工作,起了重要作用。

1951年11月的一天,北京已有几分寒意。中南海菊香书屋又是一个灯火通明的夜晚。在这万籁俱寂的深夜,毛泽东正在批阅一份东北局书记高岗送来的报告。报告列举了当时工作中存在的一些丑恶现象,其中提到,沈阳市在部分单位中揭发出3629人有贪污行为,东北贸易部检举和坦白的赃款达5亿人民币(旧币,新币1元等于旧币1万元)。浪费现象和官僚主义也很严重,东北铁路系统积压上千亿元的材料无人处理。

毛泽东深感事情的严重性。20日,东北局报告转发全国。12月1日,中共中央做出《关于实行精兵简政、增产节约、反对贪污、反对浪费和反对官僚主义的决定》。毛泽东在"决定"中指出:"自从我们占领城市两年至三年以来,严重的贪污案件不断发生,证明一九四九年春季党的二中全会严重地指出资产阶级对党的侵蚀的预见和为防止及克服此种巨大危险的必要性,是完全正确的,现在是切实执行这项决议的紧要时机。再不切实执行这项决议,我们就会犯大错误。"一场声势浩大的反贪污、反浪费、反官僚主义的"三反"运动开始了。

毛泽东在"三反"运动期间的工作是极为劳累的,有时一天要连续工作近20个小时。他每天都要批阅大量来自各省市、各

1951年12月,毛泽东转发华北局关于在党政各部门统一开展"三反"斗争报告的批语

大军区、中央各部,以及基层党组织的"三反"报告,择其重要的批转全党、全军,把他们的经验及时地加以推广,并对这些经验加以提炼、概括,提出指导性的意见和要求,借以推动"三反"运动的开展。他指示各级领导要亲自上"前线",组织动员广大群众参与"三反"斗争。一时间,打"老虎"成了人们的热门话题。所谓"老虎",就是贪污犯。很快,两个"大老虎"暴露出来。

1951年11月30日凌晨,一份中共中央华北局第一书记薄一波、第三书记刘澜涛联合署名的4A加急电报呈送到了毛泽东的案头。电报向中央揭露了时任天津地委书记兼专员张子善和前任地委书记刘青山贪污挪用公款、腐化堕落的事实。

刘青山、张子善都是经过革命战争考验的老党员干部,为革命做出过贡献。但是,进城以后,他们贪图享受,腐化堕落,利用手中的权力贪污、克扣机场建筑款、灾民救济款、治河款、地方粮款、民工工资等款项达100多亿元(旧币)。由革命功臣、

变成了人民的罪人。

毛泽东在华北局关于刘青山、张子善贪污案调查处理情况报告上批示："这件事给中央、中央局、分局、省市区党委提出了警告，必须严重地注意干部被资产阶级腐蚀发生严重贪污行为这一事实，注意发现、揭露和惩处，并须当作一场大斗争来处理。"

在弄清刘青山、张子善主要犯罪事实的基础上，河北省委提出了对他们二人处以死刑的意见。这个意见在内部传开后，引起很大震动。有老同志提出是否可以向毛主席说说，不要枪毙，给他们一个将功赎罪的机会。负责处理此案的薄一波将这些意见如实转达给了毛泽东。毛泽东的态度十分坚决：正因为他们两人的地位高，功劳大，影响大，所以才要下决心处决他们。只有处决他们，才可能挽救20个，200个，2000个，20000个犯有各种不同程度错误的干部。

1952年2月10日，在保定市举行了河北省公审刘青山、张子善二犯大会，随着两声枪响，刘、张二犯受到了法律的严厉制裁。

公审刘青山、张子善现场

在毛泽东的推动下,"三反"运动很快在全国全面铺开。当时,北京地区流行的一首童谣生动地反映了这一情形:

> 一分钱,不算少,积攒起来是个宝。
> 反贪污,反浪费,官僚主义也在内。
> 钱是宝来钱是祸,贪污来的是罪过。
> 一粒米呀一度电,都是人民的血汗。
> 三反五反搞得好,人民江山坐得牢。
> 三反五反快快搞,社会主义向前跑。

童谣唱出的是时代的旋律、百姓的心声。

1953年2月7日,《人民日报》发表一组读者来信,言辞尖锐,直指党政工作中的官僚主义。如《万县专署文教科朝令夕改,教学训练班学员疲于奔命》《下乡干部吃饭睡觉晒太阳,住了三天硬棚软棚分不清》《临湘县人民银行干部不经调查盲目发放水利贷款》等文章,产生很大社会反响。涉及的单位和干部怎么也没有想到,自己的错误会毫不留情地登上党报。

原来,《人民日报》敢于发表这样的文章与毛泽东的支持是分不开的。在毛泽东看来,人民来信批评党和政府工作中的缺点、错误与偏向,是人民具有高度政治责任心及对党和政府信任的表示,是克服和揭发官僚主义的有效办法。1953年1月,毛泽东为中央转发山东分局纪律检查委员会《关于反对官僚主义、反对命令主义、反对违法乱纪的意见的指示》,批示:"请你们在一九五三年结合整党建党及其他工作,从处理人民来信入手,检查一次官僚主义、命令主义和违法乱纪分子的情况,并向他们展开坚决的斗争。凡典型的官僚主义、命令主义和违法乱纪的事例,应在报纸上广为揭发。其违法情形严重者必须给以法律的制裁,如是党员必须执行党纪。"

依靠有效监督加强党的建设,是毛泽东的一贯思想。1949年

11月，中央决定成立以朱德为书记的中央纪律检查委员会和地方各级党的纪律检查委员会。1955年3月，中央又决定成立中央监察委员会和地方各级党的监察委员会，加强对党员特别是对党的高级干部的监督。

除组织监督外，毛泽东特别注意抓舆论监督。1950年4月，中央做出决定，要求在报纸刊物上，对于党和人民政府工作中的错误和缺点开展批评和自我批评。1954年4月，毛泽东在和胡乔木等的谈话中提出报纸上的批评要实行"开、好、管"的三字方针。开，就是要开展批评。好，就是开展得好。管，就是要把这件事管起来。

当时，在《人民日报》的带动下，其他各地党报，如《东北日报》《新海南报》《浙江日报》等，都勇敢地发动群众来信来稿，揭发各地各机关中存在的官僚主义、命令主义现象。这对改进领导干部的工作方法和工作作风，起到了良好的推动作用。

毛泽东一贯坚持从严治党的方针，他以身作则，始终过着简朴的生活，从不搞特殊。一次，毛泽东察觉到个别工作人员跟随自己外出视察时，无偿索要或低价购买地方财物，十分生气。他一方面对犯错误的同志进行批评、处分甚至清退，另一方面从自己的稿费中拿出钱来向各地退赔。他说："我们中国，这么大一个国家，能缺我们一个人、一家子吃的、喝的、用的、花的吗？不缺，但是有一条，如果说我要生活上不检点，随便吃了、用了、拿了国家和人民的，部长们、省长们、县长、村长们都可以，这个国家就没法治理。"一席话令所有身边工作人员感佩不已，此后他们中再也没有发生过打着主席旗号搞特殊的事了。

以身作则，率先垂范，上下联动，齐抓共管，毛泽东打造了一个清廉的政党，撑起了一片"为人民服务"的蓝天。

1956年在中国社会变革历程中，是一个重大的转折点。随

毛泽东穿过的补了73个补丁的木薯棉睡衣

着社会主义改造任务的基本完成，中国驶入了社会主义的快车道。这时，中国共产党自身的状况有了巨大变化：党已经成为执政党，全国党员人数达到1070万，党的组织分布到全国各个地区。

随着社会主义建设时期的来临，领导人民进行建设，是新时代向中国共产党提出的新挑战，党的执政能力亟待提高。

9月15日，中国共产党第八次全国代表大会在全国政协礼堂隆重开幕。毛泽东在开幕词中告诫全党："要把一个落后的农业的中国改变成为一个先进的工业化的中国，我们面前的工作是很艰苦的，我们的经验是很不够的。因此，必须善于学习。""虚心使人进步，骄傲使人落后，我们应当永远记住这个真理。"

邓小平在"八大"上作《关于修改党的章程的报告》，特别强调在新的历史条件下，要加强党和人民群众的联系和党内民主集中制度的建设。这个报告经过了毛泽东的修改和审定。

邓小平指出：由于我们党成为执政党，脱离群众的危险，比以前大大增加了,而脱离群众对于人民可能产生的危害,也比以前大大地增加了。在这个时候认真宣传和贯彻执行党的群众路线,也就有特别重大的意义。在之后召开的八届二中全会上,毛泽东又提醒全党:一定要警惕不要滋长官僚主义作风,不要形成一个脱离人民的贵族阶层。

为此,"八大"通过的新《党章》中特别加入了坚持党的集体领导原则,健全党的民主集中制,加强对党组织和党员的监督,发展党内民主,反对个人崇拜等项内容,其目的只有一个,保证党的群众路线在新时期得以更好地贯彻执行。

"八大"之后,毛泽东号召所有省委书记、市委书记、地委书记以及中央各部门的负责同志,都要努力使自己成为精通政治工作和经济工作的专家,各行各业的干部都要努力精通技术和业务,使自己成为内行,又红又专。

为了更好地解决社会主义建设时期出现的各种新情况、新问题,理论创新工作也在同时推进。1957年2月,毛泽东发表《关于正确处理人民内部矛盾的问题》的重要讲话,提出要正确区分和处理两类不同性质的矛盾,并把正确处理人民内部矛盾,看作党和国家政治生活的主题。

不久,以正确处理人民内部矛盾为主题的整风运动在全党开展起来。毛泽东希望通过整风,造成一个又有集中又有民主,又有纪律又有自由,又有统一意志又有个人心情舒畅、生动活泼的政治局面。开展整风的方法是毛泽东一贯坚持的实事求是的群众路线。尽管整风运动后来经历了严重挫折和失误,但毛泽东关于正确处理人民内部矛盾的理论和想要通过整风造成良好政治局面的愿望,对于社会主义建设和党的建设仍然具有长远的指导意义。

1961年五一劳动节,北京十分平静,广场上没有像往年一样举行盛大的游行。当时,中央主要领导人都在外地作调查研究。这是毛泽东的提议和要求。

人们在阅读《关于正确处理人民内部矛盾的问题》

面对"大跃进"和人民公社化运动以来发生的经济困难,毛泽东首先想到的是做调查研究,正确判断客观形势。1月13日,毛泽东在中央工作会议上说,这些年来,我们的同志调查研究工作不做了。要是只凭想象和估计办事,我们的工作就没有基础,所以,请同志们回去后,大兴调查研究之风,一切从实际出发,没有把握就不要下决心。他说,今年搞一个实事求是年好不好?在紧接着召开的中共八届九中全会上,毛泽东再次提出要搞调查研究。他希望1961年这一年,成为一个调查年,大兴调查研究之风。

会后,毛泽东沿京沪线南下,先后考察了杭州、长沙、广州等地。刘少奇回到了阔别多年的故乡湖南,周恩来去了河北邯郸,朱德去了四川,陈云回到上海青浦老家,邓小平和彭真在京郊顺义……一场大规模深入基层的调查研究工作在全国开展起来。

正是在充分调查研究的基础上,党中央陆续制定出"农业六十条"等一系列重要工作条例,在相当程度上纠正了"大跃进"

期间出现的主观主义作风，恢复了党的实事求是思想路线，为国民经济的逐步好转创造了条件。

在经历严重挫折之后，毛泽东不断进行总结和思考。1960年6月，毛泽东在《十年总结》一文中指出："我们对于社会主义革命和建设，还有一个很大的盲目性，还有一个很大的未被认识的必然王国，我们还不深刻地认识它。"他要求全党同志"要以第二个十年时间去调查它，去研究它，去认识其中固有的规律，以便利用这些规律为社会主义的革命和建设服务"。1962年初，毛泽东在七千人大会上进一步指出：从我们全党来说，社会主义建设知识非常不够，应当努力学习，在实践中间逐步地加深对它的认识，弄清楚它的规律。

毛泽东根据历史的经验教训，再次向全党提出了进一步提高领导水平，以适应社会主义建设根本需要的明确要求。

中南海新华门

今天，在北京的长安街上，中南海新华门威严耸立，毛泽东亲手题写的"为人民服务"五个大字熠熠生辉。它代表着中国共产党对人民的庄重承诺。

对于这一承诺,英国元帅蒙哥马利有很深的感受。1960年5月,英国元帅蒙哥马利访华,并与毛泽东进行长时间的友好而无拘束的谈话。回国后,蒙哥马利在英国《星期日泰晤士报》上发表了一篇访华观感。文中说:毛泽东的基本哲学非常简单,就是人民起决定作用,因此要求干部每年下基层一个月,保持和人民的联系,赢得人民的信任。毛泽东建设了一个统一的、人人献身和有目的感的国家。

毛泽东和他的战友们,始终按照党要管党,从严治党的要求,努力探索一条适合中国情况的党的建设之路,毛泽东关于执政党建设的理论和实践为后来者提供了很好的借鉴。

"年年后浪推前浪,江草江花处处鲜。"进入新时期,从邓小平到江泽民、胡锦涛、习近平,率领全党始终坚持解放思想、实事求是、与时俱进,始终保持党同人民群众的血肉联系,从人民群众中汲取智慧和力量,正视并及时解决党内存在的突出问题,保持党的肌体健康。执政党建设之路在一代又一代中央领导集体的带领下正越走越宽阔。

毛泽东,一个激情横溢的梦想家,更是一个身体力行的实践家。对中华民族和中国人民的热爱,始终是支持他奋斗求索的最强大精神力量。早在青年时代,毛泽东就定下了投身革命的目的——"为了使中华民族得到解放,为了实现人民的统治,为了使人民得到经济的幸福"。在毛泽东的领导下,中国革命取得胜利,迎来了新中国。国家独立、民族解放的梦想在毛泽东的手中实现。

但毛泽东只是把这当作"万里长征的第一步",他一刻也没有停下追求梦想的脚步。在新的历史起点上,领导中国人民站立起来的毛泽东向人们宣布了他的新梦想:"中国人民将会看见,中国的命运一经操在人民自己的手里,中国就将如太阳升起在东方那样,以自己的辉煌的光焰普照大地,迅速地荡涤反动政府留下来的污泥浊水,治好战争的创伤,建设起一个崭新的强盛的名副其实的人民共和国。"

人民也用欢歌表达着他们的企盼：

人民的高兴是真高兴，眼睛雪亮，心里有算盘：

一不愁蒋匪再把中国卖，四万万七千五百万人民掌政权；

只许建设不许破坏，共同纲领不会再推翻。

二不愁蒋匪特务再把人害，行动自由睡觉也心安；

人民的法律人民来制定，跟那蒋匪的独裁法律根本不一般。

三不愁生活没保障，人人做工，人人有吃穿；

节约生产，支援前线，大家齐来干，再不会朝不谋夕，母饥儿寒。

四不愁帝国主义来侵犯，几百万人民的军队守在国境边；

朱总司令给我们保证下了，任何敌人敢捣乱，一定把它消灭完。

这一刻，人民的梦想与毛泽东的中国梦紧紧相连。

"雄关漫道真如铁，而今迈步从头越。"以毛泽东为核心的中央第一代领导集体，建立起人民代表大会制度、政治协商制度和民族区域自治制度等，为中国的发展奠定了基本的政治基础。创造性地完成了从新民主主义到社会主义的转变，在中国建立起社会主义基本制度。在其后进行的社会主义建设时期，毛泽东领导全国人民初步建立起独立的比较完整的工业体系和国民经济体系，改变了旧中国一穷二白的落后面貌，并积累了进行社会主义建设的重要经验。

正如党的"十八大"报告所说：以毛泽东同志为核心的党的第一代中央领导集体"在探索过程中，虽然经历了严重曲折，但党在社会主义建设中取得的独创性理论成果和巨大成就，为新的历史时期开创中国特色社会主义提供了宝贵经验、理论准备、物质基础"。

为了实现国家富强、民族振兴、人民幸福的中国梦,毛泽东付出了毕生的精力和心血。

天安门广场

今天,一个生机盎然的社会主义中国已经巍然屹立在世界东方。

今天,中国各族人民,在中国共产党的领导下,正以百倍的信心和大无畏的气概,沿着有中国特色的社会主义道路阔步向前。

今天,中国人民站在了实现中华民族伟大复兴的新起点上,梦想的接力棒传到了中国共产党新的领路人——习近平的手上。这一次,我们比历史上任何时期都更接近于这个梦想,比历史上任何时期都更有信心、更有能力实现这个目标。

"我坚信,到中国共产党成立100年时全面建成小康社会的目标一定能实现,到新中国成立100年时建成富强民主文明和谐的社会主义现代化国家的目标一定能实现,中华民族伟大复兴的梦想一定能实现。"

毛泽东为实现中国梦所奠定的坚实基础,已经载入我们民族的史册;习近平所描绘的中国梦美好蓝图,正召唤我们去开拓创造。让我们在新的时代弘扬中国精神,坚持中国道路,为实现中国梦而努力奋斗,继续谱写中华民族伟大复兴的新篇章!

图书在版编目(CIP)数据

毛泽东的中国梦/唐洲雁等著.— 北京：社会科学文献出版社，2014.3
 ISBN 978-7-5097-5131-2

Ⅰ.①毛… Ⅱ.①唐… Ⅲ.①毛泽东（1893~1976）-生平事迹 Ⅳ.①A752

中国版本图书馆 CIP 数据核字（2013）第 234970 号

毛泽东的中国梦

著　　者／唐洲雁 等

出 版 人／谢寿光
出 版 者／社会科学文献出版社
地　　址／北京市西城区北三环中路甲29号院3号楼华龙大厦
邮政编码／100029

责任部门／人文分社（010）59367215　　　责任编辑／吴　超
电子信箱／renwen@ssap.cn　　　　　　　　责任校对／王建龙
项目统筹／宋月华　吴　超　　　　　　　　责任印制／岳　阳
经　　销／社会科学文献出版社市场营销中心（010）59367081　59367089
读者服务／读者服务中心（010）59367028

印　　装／三河市尚艺印装有限公司
开　　本／787mm×1092mm　1/20　　　印　张／10.4
版　　次／2014年3月第1版　　　　　　字　数／165千字
印　　次／2014年3月第1次印刷
书　　号／ISBN 978-7-5097-5131-2
定　　价／39.00元

本书如有破损、缺页、装订错误，请与本社读者服务中心联系更换
▲ 版权所有　翻印必究